METAFÍSICA
A CIÊNCIA DO INVISÍVEL

Dedico este livro à minha esposa e às minhas filhas.

METAFÍSICA
A CIÊNCIA DO INVISÍVEL

UM GUIA ESPIRITUAL POR
DALE BRANT

1ª edição / Porto Alegre-RS / 2025

Capa e projeto gráfico: Dale Brant
Produção editorial: Bruna Dali e Maitê Cena
Revisão: Simone Borges

Dados Internacionais de Catalogação na Publicação (CIP)
(Câmara Brasileira do Livro, SP, Brasil)

Brant, Dale
    Metafísica: a ciência do invisível / Dale Brant. Porto
Alegre, RS: Edições BesouroBox, 2025.
    200 p. ; 16 x 23 cm

ISBN: 978-85-5527-160-1

1. Ho'oponopono 2. Meditação 3. Mente e
corpo. 4. Metafísica I. Título.

25-249589   CDD-110

Índices para catálogo sistemático:
1. Metafísica 110
Eliane de Freitas Leite - Bibliotecária - CRB 8/8415

Copyright © Dale Brant, 2025.

Todos os direitos desta edição reservados a
Edições BesouroBox Ltda.
Rua Brito Peixoto, 224 - CEP: 91030-400
Passo D'Areia - Porto Alegre - RS
Fone: (51) 3337.5620
www.besourobox.com.br

Impresso no Brasil
Janeiro de 2025.

Sumário

Introdução à Jornada do Despertar......................7

Capítulo 1
O Campo Unificado: A Energia que Interliga Tudo........ 9

Capítulo 2
O Pensamento Sistêmico Complexo
versus A Visão Mecanicista Cartesiana 14

Capítulo 3
O Despertar da Metafísica – A Ciência do Invisível........ 25

Capítulo 4
Desvendando as "Engrenagens Vibracionais" 35

Capítulo 5
Os Campos Morfogenéticos
e os Registros Akáshicos 58

Capítulo 6
Metafísica e Saúde... 63

Capítulo 7
A Radiestesia e a Cura Vibracional......................... 71

Capítulo 8
Metafísica e Ambiente 76

Capítulo 9
Radiônica e Feng Shui
para o Equilíbrio Vibracional......................... 82

Capítulo 10
As Armadilhas das Distrações:
Um Véu sobre a Essência Divina 100

Capítulo 11
A Consciência e o Estado de Presença 106

Capítulo 12
Manifestando Intenções para
Criar Realidades Vibrantes........................121

Capítulo 13
Ho'oponopono:
Uma Jornada de Cura e Reconexão 140

Capítulo 14
O Princípio Hermético
da Correspondência e o Reino Inabalável 146

Capítulo 15
O Fascínio da "Magia" – O Antigo Conhecimento
Revelado pela Metafísica........................151

Capítulo 16
O Poder Invisível da Linguagem – A Frequência
Vibracional das Palavras 157

Capítulo 17
Comunicação Consciente
para a Transformação Pessoal 175

Capítulo 18
O Princípio da Incerteza
e o Mistério da Sincronicidade........................185

Capítulo 19
A Ciência da Coerência – Alinhando
a Mente e o Coração para o Potencial Humano 195

Capítulo Final
O Caminho da Floresta e o Retorno à Fonte 201

Referências Bibliográficas........................ 205

Introdução à Jornada do Despertar

A jornada da vida é, inegavelmente, uma busca constante. É como uma estrada cheia de reviravoltas e paisagens inesperadas, onde cada curva oferece novas oportunidades de aprendizado e descoberta. No fundo, a ideia de que estamos sempre em busca de conhecimento e autoconhecimento é poderosa. Essa busca, embora possa parecer desafiadora, é também a fonte de crescimento e evolução pessoal. É exatamente esse conceito que temos aqui: a Jornada de Descoberta.

Desde muito novo eu me interessava por assuntos como astronomia, ufologia, química, antropologia, e por aí vai...

Sempre fui um curioso e adorava olhar para o céu à noite e contemplar a imensidão. Isso me levava a perceber sobre eu mesmo e quem eu era no universo.

Estudar astronomia, por exemplo, me fez perceber pela primeira vez o conceito de tempo-espaço. Ao descobrir que a estrela mais próxima do sol estava a quatro anos-luz da Terra, ou seja, quatro anos de distância na velocidade da luz... isso me fazia sentir pequeno. Pois entender que a luz daquela estrela demorou quatro anos pra chegar aqui, imagina então as mais distantes?

E aquelas cuja luz ainda não chegou? Já parou pra pensar que quando olhamos para o céu à noite estamos olhando para o passado? Toda luz que vemos foi de anos, séculos ou milênios atrás.

Esse tipo de percepção nos faz querer entender mais sobre onde estamos e o que estamos fazemos neste planeta.

Quando falamos sobre elevar a consciência, considero os seguintes pilares que atuam como guias: a Visão Sistêmica, a Metafísica, a espiritualidade e a conexão com a Fonte de todas as coisas. Vamos explorar como esses elementos se entrelaçam para moldar nosso entendimento do mundo e de nós mesmos. Eles não são apenas temas isolados; ao contrário, eles se fundem formando um todo coerente, que se reflete em nossas ações, em nossa saúde, paz de espírito e prosperidade.

A intenção aqui é revelar como esses temas estão interligados e como podem alterar a percepção do cotidiano. Imagine uma vida em que a compreensão das energias ao nosso redor e a vivência da harmonia espiritual e física não são apenas conceitos abstratos, mas sim ferramentas práticas que geram saúde, sentido e realização.

Essas ideias, que a princípio podem parecer distantes, têm raízes em tradições antigas, nas práticas de nossos antepassados que, de maneiras singulares, já compreendiam a importância de elevar a consciência através da integração dos diversos aspectos da existência humana. Desse modo, introduzo aqui a abordagem sobre como esses conhecimentos podem se infiltrar nas nuances de nossa realidade atual.

Capítulo 1
O Campo Unificado: A Energia que Interliga Tudo

Há uma força invisível que permeia todo o universo, uma teia de energia que conecta o que, à primeira vista, parece separado. Para muitos, essa força é imperceptível, escondida sob a aparência do mundo material. Mas, ao expandirmos nossa compreensão da realidade, começamos a perceber que essa força está presente em cada átomo, em cada célula, e em cada pensamento. É o que alguns chamam de "campo unificado", um campo de energia que sustenta, interage e dá forma à existência. Nesse campo, não há separação, apenas um fluxo contínuo de informações e vibrações.

O campo unificado é a essência por trás da matéria e da energia. Ele conecta não apenas os objetos físicos, mas também nossos pensamentos e emoções, criando uma rede viva de interações sutis. Tudo o que pensamos, sentimos e fazemos gera uma onda nesse vasto oceano de energia. É como se o universo inteiro estivesse em constante comunicação, respondendo às nossas intenções e estados vibracionais. Quando compreendemos essa verdade, começamos a perceber que nossas mentes e corpos estão entrelaçados com o cosmos em um nível muito mais profundo do que poderíamos imaginar.

Em sua essência, o campo unificado é a força criativa primordial. Ele opera tanto no microcosmo quanto no macrocosmo, organizando o movimento das galáxias e a complexidade das células humanas com a mesma harmonia. Essa inteligência cósmica, subjacente a todas as coisas, governa tanto a criação quanto a dissolução, sendo ao mesmo tempo o potencial e a manifestação de todas as realidades. Quando acessamos o campo unificado, estamos sintonizando com essa inteligência criadora.

Mas como essa conexão acontece? Por que alguns parecem fluir mais facilmente com essa energia, enquanto outros se sentem presos nas limitações da matéria?

A resposta está na nossa capacidade de nos alinhar com as frequências mais elevadas desse campo. Pensamentos, emoções e crenças atuam como chaves que nos sintonizam com diferentes níveis de realidade. Tudo no universo vibra em determinadas frequências, desde as mais densas, que manifestam a matéria física, até as mais sutis, que manifestam o espírito. Quando nossos pensamentos estão alinhados com sentimentos de harmonia, compaixão e amor, elevamos nossa vibração e nos conectamos de forma mais profunda com o campo unificado.

Essa percepção não é apenas uma abstração filosófica. Existe um princípio básico que sustenta essa ideia: "a realidade é moldada pelo observador". Cada ato de percepção e cada pensamento influenciam o campo ao nosso redor. Não somos espectadores passivos da criação, mas participantes ativos. À medida que alteramos nossa consciência, modificamos a maneira como o campo responde a nós. A ciência contemporânea começa a reconhecer o que as tradições espirituais já sabiam há milênios: nossa consciência afeta diretamente a matéria e a energia.

Essa ideia é apoiada por experimentos que demonstram que partículas subatômicas, como os elétrons, se comportam de maneira diferente quando observadas. O simples ato de observar uma partícula pode alterar seu comportamento, sugerindo que a consciência humana influencia o mundo ao nosso redor em níveis fundamentais. A mente, então, não é apenas um fenômeno isolado dentro do corpo, mas uma expressão do campo unificado. Nossos pensamentos e intenções reverberam pelo universo como ondas, impactando a matéria e a energia de maneiras sutis, mas poderosas.

Ao compreender a interação entre mente e campo, surge uma nova perspectiva sobre a saúde, a cura e o bem-estar. A energia que flui através de nós é a mesma energia que compõe o universo, e, quando estamos em sintonia com o campo unificado, nossos corpos vibram em harmonia. Essa vibração afeta diretamente nosso estado físico, emocional e espiritual. Quando estamos desconectados, caímos em estados de desarmonia, que podem se manifestar como doenças, distúrbios emocionais ou sensação de estagnação.

Essa visão sugere que a verdadeira cura vai além dos métodos convencionais. Ela envolve alinhar nossa consciência com as frequências mais elevadas do campo, permitindo que a inteligência do universo nos restaure à saúde plena. Ao mudar nossos padrões de pensamento e emoções, podemos literalmente mudar nossa biologia. As células do corpo respondem ao ambiente energético em que estão inseridas, e, quando esse ambiente vibra em equilíbrio, o corpo físico também reflete esse estado de harmonia.

Há um fenômeno interessante que revela o poder desse campo unificado: a ressonância. Assim como um diapasão faz outro vibrar à mesma frequência, nossos pensamentos e emoções podem influenciar e ser influenciados pelos outros. Quando estamos cercados por pessoas que vibram em uma frequência mais elevada – de amor, gratidão, alegria –, nossa própria vibração tende a se alinhar com essas emoções. Da mesma forma, quando permanecemos em ambientes de medo, raiva ou ansiedade, podemos ser arrastados para essas vibrações mais densas.

A ressonância demonstra que, ao nos conectarmos conscientemente com o campo unificado, não apenas transformamos nossa própria realidade, mas também influenciamos o campo ao nosso redor. Somos como centros irradiadores de energia, e nossas vibrações afetam tudo e todos com quem entramos em contato. Esse conhecimento nos dá uma responsabilidade profunda: ao elevar nossa própria vibração, podemos ajudar a elevar a vibração coletiva, criando um impacto positivo no mundo.

Por outro lado, o campo unificado também carrega a memória de tudo o que já existiu. As tradições antigas falam de um "registro" universal, onde todos os pensamentos, emoções e eventos estão armazenados. Esse conceito nos mostra que não estamos isolados nem do passado nem do futuro. A energia que circula no campo é a mesma que esteve presente desde o início dos tempos, e, quando acessamos esse campo, tocamos em uma sabedoria que transcende o tempo e o espaço.

Essa sabedoria não está confinada a alguns poucos escolhidos; está disponível para todos. Ao nos conectar conscientemente ao campo unificado, podemos acessar não apenas uma maior compreensão de nossa própria vida, mas também da existência em si. Tornamo-nos cocriadores com o universo, moldando nossa realidade à medida que elevamos nossa consciência e nos alinhamos com as forças sutis que permeiam todas as coisas.

Assim, a chave para transformar nossa vida, nossa saúde e nossa prosperidade está em sintonizar com essa vasta rede de energia e informação que chamamos de campo unificado. Quanto mais profundamente nos conectamos com ele, mais compreendemos que tudo está interligado e que o poder para criar a realidade desejada está, na verdade, dentro de nós. É uma questão de despertar para essa verdade e escolher conscientemente a vibração com a qual desejamos ressoar.

Esta jornada de conexão com o campo unificado é, em última análise, uma jornada de autodescoberta, em que o despertar da consciência nos revela o nosso verdadeiro papel no grande ciclo da vida. Quando nos alinhamos com essa força, descobrimos o poder inato que temos de manifestar a plenitude, a saúde e a prosperidade – não como conceitos abstratos, mas como realidades vividas no dia a dia.

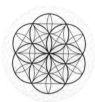

Capítulo 2
O Pensamento Sistêmico Complexo *versus* A Visão Mecanicista Cartesiana

Era uma vez uma época em que os mecanismos do universo pareciam claros, descomplicados, como um relógio em que cada peça cumpria sua função precisa. As leis que regiam o cosmos e a realidade pareciam organizadas, previsíveis, como se todas as engrenagens do mundo se movessem de maneira independente e isolada. Esse era o legado do pensamento linear, uma abordagem que enxergava a vida e o universo de modo fragmentado, segmentando-os em partes compreensíveis e controláveis.

A visão linear, no auge da era mecanicista newtoniana, baseava-se na crença de que, se conseguíssemos entender cada parte de uma máquina, entenderíamos o todo. Com isso, a ciência e a filosofia avançaram significativamente, permitindo a invenção de tecnologias revolucionárias e o desenvolvimento de teorias físicas que mudaram o mundo. Contudo, à medida que nossa compreensão do universo se aprofundava, descobrimos que essa abordagem era insuficiente para lidar com os fenômenos mais complexos e interconectados.

Aqui entra o pensamento sistêmico complexo, uma abordagem que questiona essa visão fragmentada e propõe que o mundo, longe de ser uma coleção de partes desconectadas, é um vasto sistema integrado. Em vez de observar os eventos em uma linha reta de causa e efeito, o pensamento sistêmico nos ensina a ver o todo e as interconexões, pois as partes interagem de maneira constante e, frequentemente, de formas inesperadas.

A Origem do Pensamento Sistêmico Complexo

A origem do pensamento sistêmico pode ser rastreada até o início do século XX, mas foi após a Segunda Guerra Mundial, com a teoria geral dos sistemas, que essa abordagem ganhou força. Cientistas e pensadores de diferentes disciplinas – biologia, cibernética, física e ciências sociais – começaram a observar que os sistemas biológicos e sociais eram muito mais complexos do que o pensamento linear poderia explicar. Ludwig von Bertalanffy, um dos precursores do pensamento sistêmico, propôs que deveríamos considerar o organismo como um sistema que responde e interage com seu ambiente de maneira interdependente, e não como uma simples soma de órgãos e células.

Em paralelo, a teoria da cibernética de Norbert Wiener explorou como os sistemas tecnológicos e biológicos se autorregulam, revelando que a informação e o feedback influenciam o comportamento de sistemas complexos. Esses conceitos se expandiram na ciência, e o pensamento sistêmico começou a ganhar terreno na década de 1970, especialmente na ecologia, nas ciências da mente e no estudo dos fenômenos sociais, em que a interdependência e a interconexão são características inegáveis.

O Pensamento Sistêmico Complexo: Interdependência e Ciclos

Enquanto o pensamento linear caminha em uma linha de causa e efeito previsível, o pensamento sistêmico complexo observa o mundo como uma rede de ciclos, em que as ações de uma parte afetam o todo de maneira direta ou indireta. Esse conceito sugere que nenhuma mudança ocorre isoladamente, pois cada elemento de um sistema influencia e é influenciado pelos demais. O exemplo clássico são os ecossistemas, nos quais uma pequena alteração em uma espécie pode repercutir em toda a cadeia, afetando outras plantas, animais e até o clima de uma região.

Para compreender um sistema complexo, precisamos observar os padrões e as relações, em vez de focar apenas nas partes. Um lago, por exemplo, não é apenas água, algas e peixes. Ele é a expressão de uma rede interligada que envolve nutrientes, clima, fotossíntese e a ação de animais e humanos ao redor. Alterar um único elemento, como a presença de poluentes, pode gerar um efeito dominó que transforma todo o lago, alterando a fauna, a flora e até o clima local.

Pensamento Linear versus Pensamento Sistêmico

Na visão linear, ao enfrentarmos um problema, procuramos isolá-lo e eliminá-lo, tratando-o como algo independente do contexto maior. É uma abordagem útil para resolver problemas diretos e visíveis. No entanto, quando aplicamos essa visão a sistemas complexos, surgem problemas. Imagine tentar entender uma família, uma comunidade ou até mesmo a própria saúde apenas olhando para partes isoladas — como relacionamentos específicos ou sintomas físicos únicos.

Já o pensamento sistêmico exige que observemos o contexto em que cada evento ocorre, analisando os elementos como parte de uma rede interligada. Essa abordagem, ao observar o comportamento de um sistema em sua totalidade, oferece insights mais profundos e sustentáveis, pois reconhece que nenhuma mudança é isolada.

Complexidade e Ilusão da Simplicidade

O pensamento linear nos dá a sensação de controle e compreensão; tudo parece ter uma causa e, portanto, uma solução. Mas a realidade é mais intrincada. Em sistemas complexos, como o organismo humano, o comportamento humano ou o próprio universo, as causas não são facilmente identificáveis porque elas interagem, mudam e evoluem. Uma decisão aparentemente pequena pode ter impactos enormes. Assim, o pensamento sistêmico complexo nos convida a aceitar a complexidade como parte da realidade, a não procurar por explicações simplistas e a entender que em cada ação há múltiplas variáveis e consequências.

Aplicações Práticas do Pensamento Sistêmico

Quando olhamos para nossa própria saúde, por exemplo, o pensamento sistêmico nos incentiva a entender que sintomas físicos não estão isolados dos aspectos emocionais e mentais. Sintomas físicos podem ser, na verdade, expressões de desequilíbrios emocionais ou de crenças limitantes. Ao tratarmos uma doença, em vez de suprimir sintomas, o pensamento sistêmico propõe uma abordagem integral, considerando corpo, mente e espírito como partes inseparáveis de um todo.

Na economia, o pensamento sistêmico ajuda a ver que a prosperidade individual não é apenas uma questão de esforço pessoal. Cada ação financeira afeta e é afetada pelo sistema econômico global. Em vez de pensar que sucesso é apenas o acúmulo de recursos, o pensamento sistêmico questiona como nossas ações impactam o coletivo, nos levando a buscar uma prosperidade que seja também sustentável e justa.

O Pensamento Sistêmico como Caminho para a Metafísica

Para compreender a metafísica, o pensamento sistêmico é essencial, pois ela abrange conceitos de interconexão e unidade, indo além das limitações do pensamento linear. A metafísica estuda o que está além do físico e como podemos enxergar o que não é visível com os olhos, mas que existe como uma teia de relações, de energias e de realidades sutis que moldam nosso mundo. A aplicação do pensamento sistêmico nos leva a perceber que o universo é um campo unificado de energia, onde a separação é apenas uma ilusão criada pela percepção limitada.

A abordagem sistêmica complexa nos aproxima da compreensão metafísica ao nos fazer ver que cada um de nós é parte de um campo maior, onde nossas escolhas e pensamentos não afetam apenas a nossa vida, mas reverberam no todo. A visão sistêmica nos chama a buscar sabedoria para lidar com a realidade de modo mais íntegro e consciente, considerando a totalidade e a profundidade da vida.

Para adentrar o universo da metafísica, é imprescindível ultrapassar a barreira do pensamento linear, mecanicista e newtoniano. Essa abordagem tem limitações profundas quando tentamos compreender a complexidade da existência, especialmente quando falamos de campos unificados, de energias sutis e do próprio conceito de consciência.

O pensamento sistêmico complexo emerge como uma chave essencial para abrir as portas da metafísica, pois propõe que nada existe em isolamento. Somos convidados a observar cada elemento, cada átomo, como parte de uma rede intrincada e interdependente. Não há eventos isolados, mas sim uma dança coordenada de partes que formam o todo, que respiram e vibram juntas. Ao abraçar essa visão, nossa compreensão se expande para além do previsível e do controlável; ela se torna abrangente, capaz de captar o dinamismo das relações entre todas as coisas.

Imagine por um momento uma teia invisível que liga todas as dimensões do nosso ser – física, mental, emocional e espiritual – a tudo que existe ao nosso redor. Nesse contexto, o campo unificado deixa de ser um conceito abstrato e passa a ser um princípio essencial que rege tudo, desde as partículas subatômicas até os mais profundos anseios do nosso coração. Cada pensamento, cada emoção, cada intenção é uma onda que reverbera por essa teia, afetando tudo que toca, seja de forma sutil ou visível.

Enquanto o pensamento linear pode ser comparado a um rio que segue de forma reta, o pensamento sistêmico complexo é como o mar, movendo-se com ondas, correntezas e marés, interagindo constantemente com o vento, a lua, o sol. O oceano é imprevisível, uma dança sem coreografia exata, mas, ao mesmo tempo, segue padrões sutis, um ritmo que só o olhar atento consegue captar. Este é o campo unificado: um oceano vibrante de energias e informações que interage conosco a cada instante.

Esse pensamento complexo nos ensina que, para entender a metafísica, precisamos expandir nossa consciência, observar o padrão das interações e a totalidade dos efeitos. Não podemos compreender o impacto de uma decisão, de uma palavra, ou até mesmo de um silêncio, isolando esses eventos de todo o contexto. É preciso sentir a forma como cada aspecto da realidade pulsa e reverbera, conectando o visível e o invisível em um só campo de existência.

A metafísica, então, não é uma disciplina à parte, nem um apanhado de ideias desconectadas do mundo físico. É a própria essência da realidade vista em sua totalidade, na qual o campo unificado nos oferece uma visão mais clara de como todas as coisas se integram, se comunicam e se influenciam mutuamente. É o movimento do pensamento sistêmico complexo que permite a expansão do nosso entendimento e nos convida a perceber que estamos todos imersos nessa rede vasta e interligada. Ao reconhecermos essa teia de conexões, tornamo-nos conscientes de que não somos meros observadores; somos participantes ativos na criação da realidade.

Nos próximos capítulos, exploraremos como importantes ferramentas podem ser aplicadas em nossas vidas para acessar os níveis mais profundos da realidade e manifestar uma vida em coerência com o universo. A jornada que começamos aqui é apenas o início de uma transformação pessoal e espiritual que nos leva ao encontro da verdadeira essência de quem somos e do nosso lugar no cosmos.

A história da evolução do pensamento humano sempre foi, de certo modo, uma viagem interligada e profunda. Quando voltamos nossos olhos para as tradições milenares, notamos que sábios e filósofos de várias culturas já discutiam a conexão entre a energia, a saúde e a consciência de forma elaborada. Em civilizações antigas, como as do Egito e da Grécia, a relação entre o mundo material e espiritual era presente nas práticas do dia a dia. Os egípcios, por exemplo, adoravam a ideia de que a saúde física e mental estava ligada às energias do universo. Eles reconheciam o poder das vibrações e como estas influenciavam tanto os ambientes quanto as relações humanas.

A radiestesia – o estudo e a prática de medir as energias – surgiu como uma forma de compreender essas influências. Desde os tempos mais antigos, as pessoas já utilizavam instrumentos como pêndulos e varas para localizar fontes de energia, saber onde era propício construir uma casa e até identificar locais afetados pelas negatividades ambientais. Esses conceitos, longe de serem simplesmente antigas tradições, abrem espaço para um entendimento mais rico sobre a saúde e o bem-estar ao redor do mundo.

Ao mesmo tempo, a evolução do pensamento científico trouxe a física quântica, que começa a desmistificar elementos que antes eram vistos apenas no âmbito do místico. Nesse sentido, a descoberta da dualidade da luz, que pode ser tanto *onda* quanto *partícula*, desafiou a criatividade da mente humana, levantando questões instigantes sobre a própria natureza da realidade. A física quântica desfez padrões clássicos e introduziu a ideia de que o "observador", com sua consciência, influencia a realidade observada. Essa noção se alinha perfeitamente com os conceitos antigos de que a **intenção** e a **consciência** moldam nossa **experiência**.

Essa interseção entre conhecimento ancestral e recente não é mera coincidência. Assim, ao explorarmos a **visão sistêmica**, vemos que tudo está interligado e que nossas escolhas e ações reverberam por vários níveis da sociedade e do nosso ser. Cada passo que damos não só afeta a nossa saúde e prosperidade, mas também toca a vida de todos ao nosso redor. Essa consciência

Metafísica – A Ciência do Invisível

é o que nos une e nos move para um estado de harmonia, uma espécie de dança cósmica da qual somos todos participantes.

Perante essa rica tapeçaria que forma a base do nosso entendimento sobre energia, saúde e prosperidade, somos chamados a refletir: **o que podemos fazer em nosso cotidiano para elevar nosso nível de consciência?** Quais são as ações que podemos implementar para não apenas transformar nossa própria vida, mas também a realidade de quem nos rodeia? *É nesse espaço de reflexão profunda e interconexão que começamos a verdadeiramente entender o papel que desempenhamos neste universo vibrante e em constante transformação.*

Não há como experimentar a plenitude sem uma conexão genuína com a Fonte de todas as coisas. Quando estamos de olhos e ouvidos atentos começamos a perceber ao nosso redor a imensidão do universo e como somos parte do todo. Estamos interligados, conectados a tudo. Somos parte integrante de tudo. Quando nos conectamos com a Consciência Maior, começamos a entender que não há separação, mas desconexão.

Estar desconectado com a Fonte ou não conhecer a Deus é na verdade o retrato de cada um de nós em algum momento da nossa caminhada. A questão é: quanto tempo caminharemos desconectados e perdidos em nosso próprio ego e distrações?

A consciência só pode ser expandida quando compreendemos que somos parte do Todo e a Consciência Dele está em nós. Alguns chamam de Eu Superior; A Centelha Divina; O Espírito Santo, O Ajustador do Pensamento; O Espírito da Verdade. O que importa é que essa conexão é feita conscientemente por cada um de nós. É necessário querer. A busca é individual e as escolhas são muito pessoais. Não é por acaso que não damos tanta importância às decisões, mas são elas, as simples decisões, que nos fazem movimentar na evolução e crescimento espiritual. Às vezes, pequenas decisões podem mudar toda uma vida e impactar completamente a sua jornada e resultados. Grandes decisões são a chave para mudar completamente a história de uma geração. Pequenas dobradiças movem grandes portas.

Capítulo 3
O Despertar da Metafísica
A Ciência do Invisível

Metafísica. Uma palavra que, para muitos, carrega o peso de algo distante, misterioso e intangível. Contudo, ao mergulharmos no seu verdadeiro significado, descobrimos que ela é mais do que apenas um conceito abstrato. **A metafísica é, na verdade, uma ciência invisível que estuda a realidade além do que podemos ver ou tocar, um ponto de convergência entre a mente, a matéria e o espírito.** É o coração do nosso entendimento sobre a natureza da existência, e, mais do que nunca, somos convidados a explorá-la.

A palavra **metafísica** tem origem no grego, composta pelos termos "meta" (μετά), que significa 'além' ou 'depois', e "physis" (φύσις), que se traduz como 'natureza' ou 'realidade física'. O termo foi usado pela primeira vez para designar os escritos de Aristóteles que vinham "depois da física", referindo-se a seus estudos sobre temas que transcendiam a explicação física do mundo. Esses estudos exploravam questões mais profundas e abstratas, como a existência, a essência, a causa e o ser. **Em essência, metafísica se refere ao estudo do que está *além do mundo físico*, explorando as questões fundamentais da realidade e do universo que não podem ser explicadas apenas pela observação direta.**

No campo da espiritualidade, a metafísica é vista como uma ponte entre a matéria e o espírito, pois busca compreender aquilo que está além do plano material, incluindo a natureza da alma, da consciência, do divino e das leis universais que governam a vida. Na espiritualidade, a metafísica oferece um campo de estudo e prática que explora os aspectos invisíveis da existência humana e a interconexão entre todas as coisas, sendo uma ferramenta para a busca de sentido, propósito e conexão com o transcendente.

Desde tempos imemoriais, a humanidade intuiu a existência de forças invisíveis que moldam o universo. Civilizações antigas e tradições místicas tinham essa sabedoria em suas culturas, compreendendo que havia uma energia subjacente que permeava todas as coisas. Hoje, temos a oportunidade de revisitar essas antigas percepções à luz das descobertas contemporâneas, entendendo que a realidade não é apenas física, mas também vibracional.

A física quântica – a ciência que estuda os menores componentes da matéria e as interações em nível subatômico – encontrou pontos de contato intrigantes com a metafísica.

A física quântica revela que a realidade física não é tão "sólida" quanto parece. O mundo das partículas subatômicas se comporta de forma imprevisível e está intrinsecamente ligado ao observador. A realidade não é fixa, mas fluida, composta por probabilidades que se manifestam com base na interação da consciência com o ambiente.

Aqui, a metafísica se relaciona com a física quântica ao tratar da ideia de que o universo é, em essência, energia e a consciência desempenha um papel fundamental na manifestação da realidade. Os conceitos de *não localidade* (segundo o qual, partículas em lugares distantes podem se influenciar) e de *colapso da função de onda* (a transformação da probabilidade em realidade quando observada) são, em muitos aspectos, alinhados com as ideias metafísicas sobre a interconexão de todas as coisas e o papel do espírito ou da mente na criação da experiência.

Assim, a metafísica, a espiritualidade e a física quântica, cada uma a seu modo, investigam o mesmo mistério fundamental: *como o universo funciona em sua essência* e qual o papel da 'consciência' nesse processo. Esse cruzamento entre ciência e espiritualidade é onde muitos acreditam que podemos encontrar respostas mais profundas para as questões da existência, do ser e do universo.

Faremos a conexão do invisível ao tangível, do etéreo ao cotidiano. A metafísica não é um campo isolado de reflexão filosófica; ela é a ponte que une as descobertas científicas mais recentes com as verdades espirituais antigas, oferecendo respostas para as questões fundamentais da vida. E, ao longo dessa jornada, compreenderemos como ela impacta diretamente a nossa saúde, prosperidade e bem-estar.

O "O quê" da Metafísica

A primeira pergunta que surge quando falamos de metafísica é: *O que é a realidade?*

Durante grande parte da história, fomos levados a acreditar que a matéria era a base de tudo o que existe – sólida, fixa, imutável. No entanto, **o avanço da ciência nos revelou uma nova perspectiva, em que a realidade é vista como um campo dinâmico de energia e informação, onde partículas e ondas se entrelaçam e criam o mundo visível.**

Ao compreendermos esse princípio, percebemos que a realidade exterior é uma extensão do nosso mundo interior. Nossos pensamentos e emoções são muito mais do que simples estados psicológicos; eles são vibrações eletromagnéticas que interagem com o campo ao nosso redor, moldando os acontecimentos de nossas vidas. A metafísica, então, nos ensina que somos cocriadores da nossa experiência de realidade, na qual o invisível dá forma ao visível.

Para que a Metafísica?

Mas qual é o propósito dessa compreensão? A resposta está na transformação pessoal e coletiva que ela pode gerar. Quando entendemos como funcionam as leis que regem o campo invisível da existência, ganhamos uma ferramenta poderosa para nos curar, para alcançar a prosperidade e para viver em harmonia com o universo.

O campo de energia ao nosso redor, muitas vezes conhecido como aura, biocampo ou campo eletromagnético, reflete aquilo que emanamos de dentro. Nossas emoções, quando alinhadas com pensamentos elevados como o amor, a compaixão e a gratidão, criam um estado de coerência. Esse estado é crucial porque ele ressoa com o fluxo natural do universo, facilitando a manifestação de saúde, abundância e harmonia em nossas vidas. A metafísica nos ensina que a **chave para o bem-estar está no equilíbrio entre mente e coração, em que os nossos pensamentos e emoções dançam em perfeita sincronia.**

Por que a Metafísica?

A razão pela qual a metafísica é tão importante hoje é que ela revela o poder oculto dentro de cada um de nós. Por séculos, fomos condicionados a acreditar que somos vítimas das circunstâncias externas, que nossa saúde e destino estão fora de nosso controle. Contudo, a metafísica nos mostra que nossas crenças são a força motriz por trás de nossa realidade. O que acreditamos profundamente molda não apenas a nossa visão de mundo, mas também o nosso corpo físico.

As células do corpo respondem às frequências emitidas por nossos pensamentos e emoções. Isso significa que a verdadeira cura começa dentro de nós. Quando mudamos

nossas crenças, quando elevamos nossa consciência para um nível mais elevado, mudamos o ambiente em que nossas células vivem. Dessa forma, a metafísica não é apenas um estudo revelador, mas uma prática de transformação interna que impacta diretamente nossa saúde física.

Além disso, o universo não funciona isoladamente. Há uma interconexão entre tudo e todos. Existe um campo de energia que nos une, um campo que transcende o tempo e o espaço, e onde a memória de tudo o que foi e o que será está gravada. Esse campo sutil de energia é responsável por transmitir informações que guiam não apenas o comportamento humano, mas a evolução de todas as formas de vida. Ao acessarmos essa sabedoria, podemos aprender a viver em harmonia com o fluxo natural do universo, em vez de lutar contra ele.

Vivemos em um campo de energia vibracional, onde cada pensamento, emoção e crença criam ondas que moldam nossa existência. No coração desse entendimento, a metafísica nos convida a olhar para além do tangível, revelando que o mundo material é apenas uma fração da totalidade do que somos e do que experienciamos.

Metafísica, Saúde e Prosperidade

Quando falamos sobre saúde, prosperidade e plenitude, não estamos apenas tratando de aspectos isolados do ser humano. Pelo contrário, esses estados de ser são manifestações visíveis da interação entre o nosso corpo físico, nossa mente e o vasto campo energético no qual estamos inseridos. A metafísica, então, surge como a chave para desvendar esses mistérios, revelando que a verdadeira prosperidade e a saúde plena começam no reino invisível da mente e do espírito.

A física convencional nos ensinou a ver o corpo humano como uma máquina biológica, composta de sistemas e órgãos que operam de forma independente e mecânica. No entanto, à luz dos conceitos metafísicos, o corpo é muito mais que uma soma de partes físicas: ele é um campo vibracional, interconectado com cada pensamento e emoção que temos. Isso significa que cada célula do nosso corpo responde às vibrações mentais e emocionais que emitimos. Ao pensarmos e sentirmos de maneira positiva e elevada, estamos literalmente alimentando nossas células com energia vital.

A saúde, sob a perspectiva da metafísica, não é apenas a ausência de doença. Ela é o reflexo do equilíbrio entre os nossos corpos físico, mental e emocional. Quando estamos em harmonia interna, essa sinfonia energética se reflete em nosso bem-estar, gerando vitalidade, regeneração celular e equilíbrio em todos os níveis. Entretanto, se a mente e o coração estão em conflito – presos a padrões de medo, ressentimento ou falta –, essas vibrações dissonantes se manifestam fisicamente como desequilíbrios, bloqueios e até doenças.

A ciência tradicional, cada vez mais, começa a reconhecer a influência das emoções e dos pensamentos na saúde física, e a metafísica já compreendia isso há séculos. As crenças que sustentamos profundamente em nossa mente subconsciente são os filtros pelos quais interpretamos o mundo ao nosso redor. E essas crenças não só moldam a maneira como nos sentimos emocionalmente, mas também têm o poder de reescrever o código biológico do nosso corpo.

As células, na verdade, não estão à mercê de nossos genes ou de forças externas incontroláveis. Elas respondem ao ambiente em que estão inseridas – um ambiente que é diretamente influenciado pelo que pensamos e sentimos. Quando nutrimos pensamentos de autoconfiança, amor e esperança, as células recebem esses sinais como instruções de renovação e cura. Mas, quando ficamos presos em ciclos de ansiedade, medo ou ressentimento, esse campo energético torna-se caótico, resultando em desarmonias que podem culminar em problemas físicos.

A verdadeira saúde começa na mente. E a chave para desbloquear esse poder reside na nossa capacidade de nos reconectarmos com a essência de quem somos, removendo os bloqueios emocionais e mentais que criam disfunções em nosso campo energético. Ao adentrarmos o reino da metafísica, compreendemos que a saúde é uma questão de frequência. E nós somos os mestres da nossa própria vibração.

Da mesma forma, a prosperidade não é simplesmente uma questão de circunstâncias externas ou de sorte. Ela é, antes de tudo, um estado de consciência. A metafísica nos ensina que a abundância é o fluxo natural da vida e que esse fluxo é interrompido apenas quando nos desconectamos da nossa essência criativa. O que muitos não percebem é que, assim como criamos a nossa realidade física, também criamos a nossa realidade financeira e emocional. A prosperidade é, antes de tudo, um reflexo de nossa percepção interna de merecimento, valor e abertura para receber.

Se acreditamos que o mundo é um lugar de escassez, onde os recursos são limitados e devemos competir ferozmente para sobreviver, essas crenças moldam nossa realidade externa, criando bloqueios que impedem o fluxo natural da abundância. A metafísica, entretanto, nos convida a mudar essa visão. Ao expandir nossa consciência e nos reconectar com o fluxo universal, começamos a entender que a prosperidade não é algo a ser conquistado, mas algo que simplesmente permitimos fluir em nossas vidas. O universo é infinitamente abundante, e nossa experiência de escassez ou plenitude é diretamente proporcional à nossa capacidade de alinhar nossa vibração com essa verdade.

O processo de manifestar prosperidade e saúde, então, começa com a transformação do nosso campo interno. Quando estamos em alinhamento com as leis universais, nossas emoções vibram em frequências de confiança, gratidão e amor. Esse estado de ser cria um campo magnético ao nosso redor que atrai, de maneira natural e sem esforço, oportunidades, recursos e relacionamentos que ressoam com essas mesmas frequências. Prosperidade, nesse contexto, não é um esforço, mas uma consequência natural do alinhamento vibracional.

Mas como alcançar esse alinhamento? O primeiro passo é o autoconhecimento. Precisamos mergulhar em nossas crenças mais profundas, investigar nossos padrões emocionais e estar dispostos a transformar aquilo que não serve mais ao nosso crescimento. A expansão da consciência é um processo contínuo de auto-observação e de ajuste energético. Quanto mais nos conhecemos, mais nos libertamos das amarras do ego e das ilusões da mente, permitindo que o fluxo universal opere livremente em nossa vida.

Nesse sentido, o autoconhecimento não é apenas um ideal filosófico, mas uma ferramenta prática de transformação. Ao nos tornarmos conscientes dos nossos pensamentos automáticos e das emoções que sustentamos, ganhamos o poder de escolher novas maneiras de ser. E, ao escolhermos vibrar em harmonia com a essência do amor e da abundância, criamos uma nova realidade – uma realidade em que a saúde, a prosperidade e a plenitude são uma constante.

Assim, a metafísica nos oferece a oportunidade de nos tornarmos cocriadores conscientes da nossa existência. Não somos vítimas do acaso ou de circunstâncias externas. Ao contrário, somos participantes ativos da criação do nosso mundo, em todos os níveis: físico, emocional e espiritual. E, ao nos conectarmos com essa verdade, nos alinhamos com o poder ilimitado que reside em nossa essência, abrindo as portas para uma vida de prosperidade e saúde plenas.

Essa nova maneira de enxergar a realidade nos conduz a uma compreensão muito mais ampla da vida. Não somos seres isolados, jogados à mercê do destino. Somos parte de um vasto campo de energia interconectado, onde cada pensamento, emoção e ação têm um impacto reverberante. E, quando usamos esse conhecimento para elevar nossa consciência e alinhar nosso ser com as frequências mais elevadas do universo, acessamos o verdadeiro potencial da vida. O potencial de viver em plena saúde, abundância e alegria – exatamente como fomos criados para ser.

Capítulo 4
Desvendando as "Engrenagens Vibracionais"

O Campo Eletromagnético Torus e o fluxo das Frequências Vibracionais

Imagine o universo como uma vasta sinfonia de energia em movimento, onde cada ser vivo é um instrumento tocando sua própria melodia dentro do todo. No cerne dessa dinâmica energética está *o campo toroidal,* ou *tórus*, uma estrutura universal que reflete a natureza da existência em sua forma mais fundamental. Esta geometria energética, explorada em profundidade pelo cientista e pesquisador Nassim Haramein, revela como a energia flui dentro e ao redor de todos os sistemas vivos, conectando o microcosmo ao macrocosmo.

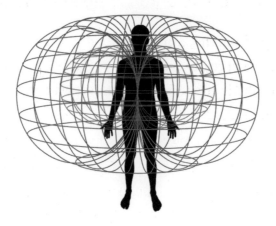

O Que É o Torus?

O torus é uma forma geométrica tridimensional que lembra um "donut", mas com fluxo contínuo de energia que entra pelo centro, circula ao redor e retorna ao ponto de origem. Esse padrão não é apenas uma curiosidade matemática, mas a base de todos os sistemas vivos e dinâmicos. Do campo magnético da Terra ao fluxo de energia em uma célula, o torus é onipresente. Ele está presente:

- No campo magnético do coração humano.

- No padrão energético de uma maçã, uma galáxia ou mesmo do universo como um todo.

- Na circulação de energia em torno de nós, criando um vórtice contínuo que influencia nossa saúde, nossas emoções e nossa conexão com o cosmos.

Como o Torus Funciona nos Seres Vivos

O corpo humano, por exemplo, é cercado por um campo toroidal que emerge do coração. Este campo, estudado amplamente pela ciência moderna, é medido pela sua frequência vibracional. Ele reflete o estado emocional, físico e espiritual de uma pessoa. Quando estamos em um estado de amor, gratidão ou alegria, o campo toroidal se torna harmônico, criando padrões energéticos de alta frequência. Por outro lado, emoções como medo, raiva ou tristeza podem distorcer esse campo, criando desequilíbrios.

Nassim Haramein sugere que o torus é mais do que uma simples estrutura energética: ele é o mecanismo pelo qual a energia universal se organiza. Dentro dele, a energia se movimenta em um fluxo constante, entrelaçando o interior e o exterior, o "eu" e o "todo". É nesse movimento que encontramos a chave para compreender nossa conexão com o universo.

O Torus e as Frequências Vibracionais

A frequência vibracional de um ser vivo é determinada pelo padrão energético de seu campo toroidal. Como uma estação de rádio que transmite e recebe sinais, o torus regula a forma como interagimos com o ambiente e com outras formas de vida.

A energia flui em um ciclo de retroalimentação:

1. Intenção e Emoção: Pensamentos e emoções criam impulsos energéticos que moldam o campo toroidal.

2. Fluxo e Retorno: A energia emitida retorna ao ponto de origem, reforçando ou alterando o padrão vibracional.

3. Ressonância Harmônica: Quando um campo toroidal entra em harmonia com outro, ocorre a sincronicidade, como se duas melodias se combinassem em perfeita afinação.

Isso explica por que ambientes, pessoas e até mesmo músicas podem "elevar" ou "diminuir" nossa vibração.

O Papel do Torus na Expansão da Consciência

Quando nos tornamos conscientes do nosso campo toroidal, podemos usá-lo como uma ferramenta para elevar nossa frequência vibracional. Práticas como meditação, respiração consciente e intenção clara ajudam a harmonizar o fluxo energético dentro do torus. Isso não só melhora a saúde física, como também nos conecta mais profundamente com a Fonte Criadora.

Um exemplo fascinante disso é encontrado no conceito de "coerência cardíaca", onde o coração e o cérebro trabalham em harmonia para criar padrões energéticos mais consistentes. Esse estado de coerência não é apenas um reflexo de saúde, mas também um portal para acessar níveis mais elevados de consciência.

Transformação Através do Torus

Assim como o campo toroidal da Terra influencia o clima e as marés, nosso campo toroidal pessoal impacta nossa realidade interna e externa. Quando alinhamos nossa intenção com emoções positivas e nos conectamos ao fluxo universal de energia, podemos literalmente "recalibrar" nossa vida. A manifestação de sonhos, a cura de feridas emocionais e até mesmo a atração de experiências positivas são resultados naturais desse alinhamento.

Em última análise, o torus nos ensina uma verdade essencial: a vida é um fluxo contínuo, um ciclo de energia que nunca termina. Quando compreendemos e honramos esse fluxo, começamos a ver que somos mais do que corpos físicos vivendo em um mundo material. Somos seres energéticos, conectados a um cosmos vibrante e infinito, dançando na mesma melodia universal.

O BIOCAMPO

A aura, ou biocampo, é o campo energético que envolve o corpo humano, composto por várias camadas que correspondem aos diferentes corpos sutis, incluindo o duplo-etérico. O corpo duplo-etérico representa a camada mais próxima do corpo físico dentro da aura e tem um papel fundamental no funcionamento e na integridade do biocampo.

O corpo duplo-etérico é o mais denso dos corpos sutis e está diretamente ligado ao corpo físico. Ele funciona como um molde energético que replica a forma do corpo físico, sendo responsável por transportar a força vital ou energia vital (também conhecida como "prana", "chi" ou "ki") para o corpo material. Esse corpo energético se estende ligeiramente além da pele, formando uma espécie de "cópia energética" do corpo físico.

Enquanto o corpo duplo-etérico se concentra em manter a vitalidade e integridade do corpo físico, a aura como um todo reflete o estado emocional, mental e espiritual do indivíduo. Juntos, o corpo duplo-etérico e a aura formam um sistema integrado de energia, no qual a saúde de um afeta o outro.

Função Energética e Saúde

O corpo duplo-etérico regula o fluxo de energia vital no corpo físico, o que impacta diretamente na saúde e no bem-estar. Quando há bloqueios ou desequilíbrios no fluxo de energia do corpo duplo-etérico, isso pode se manifestar como doenças físicas. Esses desequilíbrios energéticos podem ser percebidos no biocampo como distorções na aura, como manchas escuras ou fragmentação em sua estrutura.

Terapeutas que trabalham com cura energética, como a radiestesia, o reiki ou a bioenergética, muitas vezes buscam equilibrar o corpo duplo-etérico e harmonizar a aura, pois ambos estão interligados e são fundamentais para a vitalidade e saúde integral do ser humano.

Interação com o Ambiente

O biocampo e o corpo duplo-etérico estão em constante interação com o ambiente. Assim como o biocampo pode absorver energias do ambiente, o corpo duplo-etérico também é sensível a essas influências. Ambientes carregados de energia negativa, como lugares com tensão emocional, podem afetar o fluxo de energia vital no corpo duplo-etérico, causando estagnação ou desequilíbrio energético, que se reflete na saúde geral.

Percepção e Diagnóstico Vibracional

A percepção da aura e dos corpos sutis, por meio de técnicas como a radiestesia, permite a leitura do estado energético de uma pessoa. Muitas vezes, os desequilíbrios que surgem no corpo físico podem ser detectados primeiro nos corpos emocional e espiritual, fornecendo uma visão preventiva sobre possíveis problemas de saúde antes que se manifestem fisicamente.

Regeneração e Equilíbrio Energético

Os corpos sutis têm a capacidade de regenerar e equilibrar o fluxo energético, especialmente quando trabalhados com práticas de cura. Quando as sete camadas dos corpos sutis estão em equilíbrio, o biocampo reflete esse estado de harmonia, e a aura exibe cores vibrantes e fluxos energéticos uniformes, o que é um indicativo de bem-estar físico, emocional e espiritual.

Vamos entender mais sobre estas sete camadas conhecidas como corpos sutis.

OS CORPOS SUTIS

Os corpos sutis são os tecidos invisíveis que entrelaçam a estrutura energética do ser humano, transcendendo os limites do corpo físico e revelando as múltiplas camadas de nossa existência. Chamados de sutis justamente por não serem captados pelos sentidos tradicionais, eles se manifestam como realidades reconhecidas em diversas tradições espirituais e filosofias milenares, ecoando através dos tempos como um mapa oculto da nossa verdadeira natureza.

Esses corpos não se limitam a ser apenas abstrações metafísicas. São campos de energia pulsante que penetram o corpo físico, influenciando profundamente a saúde, as emoções, os pensamentos e a conexão espiritual de cada indivíduo. Como uma teia delicada, cada camada vibracional carrega suas próprias qualidades, ressonâncias e mistérios, interagindo incessantemente com as outras. Dessa forma, o equilíbrio ou o desequilíbrio em um desses corpos reverbera através de todo o ser, como uma melodia que afeta cada nota em sua harmonia. Assim, os corpos sutis são, em sua essência, o retrato dinâmico e vibrante da alma humana, interligados e interdependentes, formando a totalidade do que somos. Vamos detalhar cada um deles a seguir.

1. Corpo Físico

O corpo físico é o mais denso e tangível de todos os corpos. Ele é composto de matéria e é responsável por todas as funções biológicas, incluindo crescimento, reprodução, movimento e sensação. É o único corpo visível e é aquele que interage diretamente com o mundo material. A saúde física depende de alimentação, exercício, descanso, e também pode ser influenciada por fatores energéticos e emocionais.

Função: permitir a experiência da vida no mundo físico através dos cinco sentidos. Serve como um veículo temporário que permite à alma vivenciar a realidade material.

2. Corpo Duplo-Etérico

O "corpo duplo-etérico" é uma réplica energética do corpo físico e forma a ponte entre o corpo físico e os corpos mais sutis. Ele é composto de energia vital (também chamada de "prana", "ki" ou "chi") e é responsável pela vitalidade e pelo funcionamento dos órgãos físicos. Esse corpo absorve energia do ambiente e a distribui pelo corpo físico.

Função: manter o corpo físico energizado e vitalizado. Ele também atua como um campo de proteção contra influências externas negativas.

3. Corpo Emocional

O "corpo emocional", também chamado de "corpo astral", está associado às emoções e aos sentimentos. Ele é o veículo através do qual experimentamos tanto as emoções positivas, como amor e alegria, quanto as negativas, como medo e raiva. Esse corpo vibra em uma frequência mais elevada que o corpo físico e pode se deslocar do corpo físico durante o sono.

Função: permitir que o indivíduo sinta emoções e interaja energeticamente com outras pessoas. Também é o corpo que se envolve em experiências de sonhos e percepção do mundo espiritual.

4. Corpo Mental Inferior (ou Corpo Mental Concreto)

O "corpo mental inferior" está relacionado ao intelecto, à lógica e ao raciocínio. Ele governa o pensamento racional, o processamento de informações e a tomada de decisões que estão ligadas à realidade concreta. Esse corpo é o que utilizamos para lidar com a vida prática, resolver problemas do dia a dia e organizar o pensamento linear.

Função: permitir o raciocínio lógico e o pensamento concreto, necessário para lidar com o mundo material e as situações cotidianas.

5. Corpo Mental Superior (ou Corpo Mental Abstrato)

O "corpo mental superior" se relaciona com o pensamento abstrato, filosófico e intuitivo. Ele é o veículo através do qual o ser humano pode acessar ideias superiores, conceitos universais e verdades espirituais. Esse corpo permite a criação de "insigths" ou de pensamentos mais elevados e abstratos que transcendem a experiência física e material.

Função: facilitar o acesso à sabedoria superior e ao pensamento criativo e intuitivo. Esse corpo é fundamental para a compreensão de conceitos espirituais e metafísicos e através dele acessamos os registros akáshicos.

6. Corpo Espiritual

O corpo espiritual, também chamado de corpo da intuição, é considerado uma das dimensões mais elevadas do ser humano. Ele se situa acima do corpo mental e abaixo do corpo átmico e está profundamente ligado ao estado de consciência espiritual, à iluminação e ao sentimento de unidade com o todo.

Conexão com a intuição
e sabedoria espiritual

O corpo espiritual é o domínio onde se acessa a sabedoria intuitiva superior, uma compreensão que transcende o raciocínio lógico ou o pensamento analítico. Ele permite que o indivíduo capte verdades universais diretamente, sem a necessidade de palavras ou símbolos. Essa intuição vai além da mente concreta e trabalha com a percepção direta de realidades espirituais. É aqui que se manifesta o sentimento de "saber" algo de forma profunda e inabalável, um conhecimento que vem de dentro e que carrega a essência do divino. Acredita-se que é aqui que há a conexão com o Espírito Santo ou "EU Superior".

Unidade e dissolução do ego

Um dos principais aspectos do corpo espiritual é a dissolução das fronteiras do ego. Neste nível, o indivíduo experimenta um sentimento de unidade com toda a criação, superando a dualidade entre o "eu" e o "outro". Isso não significa a perda da identidade, mas uma transcendência das limitações do ego, permitindo que a pessoa viva em harmonia com o universo. É o estágio em que se pode experimentar o amor incondicional, a compaixão universal e o reconhecimento da interconexão de todos os seres.

Vibração e frequência elevada

O corpo espiritual vibra em uma frequência extremamente elevada, relacionada aos estados de consciência espiritual mais sutis. Essa vibração conecta o indivíduo com dimensões superiores da existência e é, em muitos sistemas de crença, o corpo que nos aproxima da iluminação ou do estado de perfeição espiritual. A frequência do Espírito nos coloca em sintonia com o campo universal de energia, onde a separação entre matéria e espírito é inexistente.

Transformação e cura

Ao acessar o corpo espiritual, é possível promover uma cura profunda, não apenas no nível físico ou emocional, mas também no nível da alma. Esse processo de cura ocorre à medida que o indivíduo se alinha com a verdade espiritual e com a harmonia cósmica, removendo bloqueios energéticos e promovendo uma transformação interior. Muitos sistemas de cura energética, como a radiestesia, trabalham para equilibrar as energias até o nível do Espírito, permitindo que o fluxo de vida espiritual flua livremente.

Interligação com os outros corpos

Assim como os outros corpos sutis, o corpo espiritual interage com os níveis inferiores, influenciando a mente, as emoções e até o corpo físico. Quando ele está alinhado, pode trazer uma sensação de paz interior, clareza espiritual e propósito de vida. Sua interligação com o corpo átmico também prepara o terreno para o despertar espiritual final, no qual o indivíduo se funde com a fonte divina.

Em suma, o corpo espiritual é o portal para uma dimensão de existência em que a sabedoria intuitiva, a unidade cósmica e a cura espiritual se tornam acessíveis. Ele nos lembra da nossa verdadeira natureza divina e da nossa capacidade de transcender as limitações da mente e do ego.

Função: ser o veículo de percepção da unidade e do amor divino. No corpo espiritual, a dualidade entre "eu" e "outro" começa a desaparecer, levando à compreensão do amor como força universal.

7. Corpo Átmico

O corpo átmico é considerado o mais elevado entre os corpos sutis do ser humano, sendo a dimensão que representa a essência mais pura e divina do nosso ser. Dentro de sistemas esotéricos, ele é visto como o ponto de conexão direta com o Absoluto, a Fonte, ou o "Ser Supremo". Esse corpo está além de qualquer dualidade, raciocínio ou percepção comum, sendo a expressão máxima da individualidade espiritual e da unidade com o Todo.

Essência Divina e Identidade Suprema

O corpo átmico é o núcleo da existência espiritual, aquele que carrega a identidade mais elevada do ser humano. Ele representa o aspecto do "Eu Sou" em sua forma mais pura, em que o indivíduo não mais se identifica com a personalidade, o ego, ou os aspectos inferiores da consciência. No corpo átmico, a identidade é transcendida, e o ser humano passa a se perceber como parte inseparável da criação, em comunhão direta com o divino. Esse corpo revela a verdadeira natureza do ser, aquela que é eterna, imutável e pura consciência. É o próprio "Ajustador do Pensamento".

Unidade com o Todo

Ao nível átmico, a sensação de separação entre o indivíduo e o universo é completamente dissolvida. Este é o estágio em que se experimenta a unidade absoluta com toda a criação. No corpo átmico, o indivíduo vive uma percepção do "Um", em que o universo e o ser se tornam indissociáveis. Esse estado de unidade permite que a pessoa viva em perfeita harmonia com as leis espirituais universais, transcendendo as limitações da dualidade que caracterizam os corpos sutis inferiores.

O Estado de Iluminação

No corpo átmico, o estado de iluminação se manifesta plenamente. Este é o nível em que a consciência humana alcança o seu ápice, transcende todas as ilusões da matéria e da mente e se une à Consciência Universal. A iluminação, ou realização espiritual, neste contexto, é a compreensão direta e experiencial da unidade com a Fonte. Aqui, o ser humano desperta para sua verdadeira natureza eterna, vivendo em constante harmonia com a sabedoria cósmica e o amor divino.

Fonte da Vontade Divina

Outro conceito associado ao corpo átmico é o de ser o canal para a manifestação da vontade divina. Enquanto os corpos inferiores, como o mental e o emocional, estão sujeitos a desejos e vontades pessoais, o corpo átmico age como o veículo puro para a vontade do universo. Ele é a expressão da intenção divina, a força criativa que guia o propósito mais elevado da alma.

"Não vos conformeis com este mundo, mas transformai-vos pela renovação da vossa mente para que experimenteis qual seja a boa, agradável e perfeita vontade de Deus." (Romanos 12)

O versículo paulino reflete essa experiência de desconexão com a matéria ao acessar a essência do propósito divino. Dessa forma, o corpo átmico é visto como o portador do propósito último de existência, aquele que está alinhado com os desígnios da criação.

Além do Tempo e do Espaço

O corpo átmico transcende as limitações do tempo e do espaço, pois ele opera em uma dimensão onde esses conceitos perdem seu significado. No nível átmico, a consciência está além de qualquer forma de separação temporal ou espacial, o que significa que o indivíduo tem acesso à percepção do eterno agora, em que passado, presente e futuro coexistem como uma única realidade. Esse corpo é também o que conecta o ser humano à consciência cósmica e às realidades mais sutis do universo.

Transformação Final e Ascensão

No processo de evolução espiritual, o corpo átmico é o veículo final que o ser humano utiliza para alcançar a ascensão ou a liberação espiritual total. Ele é o corpo que conduz a alma de volta à Fonte, após a jornada através dos planos inferiores da existência. Ao acessar e despertar plenamente o corpo átmico, o indivíduo completa sua evolução espiritual, experimentando a total libertação das limitações materiais e mentais e se fundindo com a consciência universal.

Interligação com os Corpos Inferiores

Embora o corpo átmico esteja no nível mais elevado, ele ainda está interligado com os corpos sutis inferiores. Ele influencia a consciência nos planos mental, emocional e físico, e sua energia pode ser sentida em momentos de grande clareza espiritual, intuição profunda ou estados meditativos avançados. Quando o corpo átmico é ativado, ele eleva a vibração de todos os outros corpos, criando um alinhamento completo entre os aspectos superiores e inferiores do ser.

Em suma, o corpo átmico é a expressão mais elevada do ser humano, representando o ponto de encontro entre a consciência individual e o divino. Ele é o veículo para a unidade cósmica, a iluminação e a realização do propósito espiritual mais elevado.

Ao acessar esse corpo, o indivíduo atinge o ápice da evolução espiritual e da conexão com a Fonte universal.

Função: *ser o veículo da percepção da consciência espiritual pura, da identidade divina. Ele é o mais próximo da experiência da iluminação e da libertação espiritual.*

Relação entre os Corpos e o Bem-Estar

Cada um desses corpos tem sua função no equilíbrio do ser humano e, juntos, formam uma complexa rede de energia que, quando em harmonia, resulta em saúde física, emocional, mental e espiritual. Quando há desequilíbrio em um dos corpos, isso pode se manifestar de várias maneiras, como doenças físicas, distúrbios emocionais ou desconexão espiritual. Por isso, terapias energéticas, como a radiestesia, buscam alinhar todos esses corpos para promover uma cura completa.

Além disso, o estudo desses corpos e sua integração com a física quântica e a espiritualidade pode fornecer insights valiosos sobre a natureza da existência humana e o caminho para a evolução espiritual. Cada corpo é uma chave para acessar níveis mais profundos de autoconsciência e, consequentemente, a **coerência integral** do ser.

Metafísica na prática

Mas como aplicamos esse conhecimento em nossas vidas? A resposta está no processo de elevar nossa consciência. Ao vivermos em estados emocionais mais elevados, como o amor, a alegria e a paz, nos sintonizamos com frequências mais elevadas da existência. Essas frequências mais altas estão associadas a tudo o que é positivo, próspero e saudável. Dessa forma, ao nos alinharmos com essas energias, podemos acessar uma realidade mais harmoniosa e abundante.

Essa transformação não acontece de um dia para o outro. É um processo de prática, de aprendizado constante e de autoconsciência. Para acessar esses níveis mais elevados de energia, devemos primeiro nos tornar conscientes dos bloqueios e padrões limitantes que carregamos. São esses padrões de baixa vibração – o medo, a culpa, a raiva – que nos mantêm presos em uma realidade limitada. A metafísica nos oferece as ferramentas para quebrar esses padrões, para elevar nossa frequência e, assim, manifestar a vida que desejamos.

O que me fez ter uma nova compreensão da realidade foi quando assisti pela primeira vez, em uma palestra nos EUA sobre a "Escala de Hawkins", ao mapa da consciência. Só o fato de entender esse conhecimento ampliou minha autopercepção consideravelmente.

O trabalho do Dr. David Hawkins em seu livro *Poder vs. Força* traz uma abordagem inovadora para a compreensão da realidade, da evolução individual e do desenvolvimento da consciência humana. O ponto central do seu estudo está no "Mapa da Consciência", uma escala que mede os diferentes níveis de "consciência e vibração" de estados emocionais e mentais. Esse mapa vai de frequências mais baixas, associadas a emoções como vergonha, culpa e medo, até as mais altas, que representam estados como amor, alegria, paz e iluminação.

O Mapa da Consciência

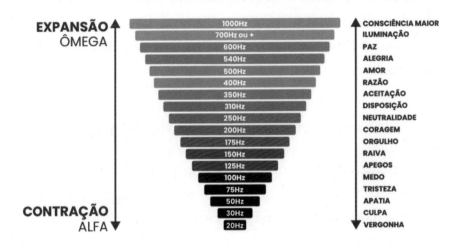

A escala proposta por Hawkins vai de 0 a 1.000, sendo que cada nível de consciência está associado a uma frequência vibracional específica. Segundo sua pesquisa, realizada ao longo de décadas com o uso de métodos de cinesiologia, tudo no universo tem uma frequência vibracional mensurável – desde emoções e pensamentos até objetos físicos e sistemas sociais.

1. Níveis baixos de consciência:

- Vergonha (20 Hz)
- Culpa (30 Hz)
- Apatia (50 Hz)
- Medo (100 Hz)
- Raiva (150 Hz)

Esses estados vibracionais são associados a "emoções destrutivas" e, de acordo com Hawkins, tendem a enfraquecer o indivíduo. Quando estamos nesses níveis, a vida parece limitada, cheia de obstáculos, e a visão do mundo é muitas vezes "negativa ou pessimista".

2. O ponto crítico – Coragem (200 Hz):

• O nível 200 é considerado um "ponto de virada". Aqui, a pessoa começa a ganhar mais poder sobre a própria vida. A coragem é o ponto em que o indivíduo passa de estados de fraqueza e vitimização para "autossuficiência" e "capacidade de agir" de maneira positiva.

• Níveis acima de 200 Hertz começam a refletir uma maior "autenticidade, integridade" e uma compreensão mais profunda da vida.

3. Níveis elevados de consciência:

• Razão (400 Hz)

• Amor (500 Hz)

• Alegria (540 Hz)

• Paz (600 Hz)

• Iluminação (700 - 1.000 Hz)

À medida que o indivíduo sobe na escala, ele começa a experimentar uma realidade mais expansiva e positiva. Os estados de amor incondicional, alegria, paz interior e iluminação estão relacionados a vibrações extremamente altas e são considerados "poderosos", porque atraem circunstâncias de harmonia, saúde, prosperidade e realização.

A distinção entre "força" e "poder"

"Força": está associada a níveis mais baixos da escala, em que há a necessidade de controle, dominação e o uso de recursos externos para influenciar o ambiente e as pessoas. A força tende a ser temporária, exaustiva e baseada no ego.

"Poder": reflete os níveis mais altos de consciência e vibração, como amor, compaixão e sabedoria. O verdadeiro poder, de acordo com Hawkins, é *inerente* e não depende de nada externo. É sustentável e gera impacto positivo, pois está alinhado com a verdade e a integridade.

O Impacto na Compreensão da Realidade

A contribuição mais profunda do trabalho de Hawkins é a noção de que a **realidade que experienciamos é reflexo do nosso nível de consciência**. Ao vibrarmos em frequências mais altas, percebemos a vida de forma mais expansiva, compassiva e harmoniosa. Nos níveis mais baixos, a realidade se manifesta de forma limitada, cheia de desafios e dificuldades. Essa compreensão ajuda a entender que:

A consciência cria a realidade: nossos pensamentos, emoções e crenças influenciam diretamente o que atraímos e experienciamos;

A evolução individual é vibracional: conforme um indivíduo sobe na escala de consciência, ele passa por uma jornada de cura emocional, crescimento espiritual e maior entendimento do seu papel no universo.

Impacto na Evolução do Indivíduo

O Mapa da Consciência oferece uma ferramenta prática para aqueles que buscam elevar seus estados emocionais e mentais. Isso implica um caminho de autodescoberta e trabalho interno para transcender emoções e padrões destrutivos, como medo, raiva e ressentimento, e cultivar estados elevados, como amor, gratidão e compaixão.

O mapa serve como uma bússola para o autoconhecimento. Ele permite que as pessoas identifiquem em qual nível estão e o que precisam trabalhar para avançar.

Ao entender que emoções como culpa, apatia e medo vibram em níveis baixos, as pessoas podem começar a curar esses sentimentos e aumentar sua vibração.

Percebemos a espiritualidade como um processo de "elevação da consciência", e o Mapa da Consciência dá uma maneira de "medir esse progresso", pois quanto mais elevado o nível de consciência de uma pessoa, mais ela influencia o mundo de forma positiva, e experimenta uma vida plena, harmoniosa e rica em propósito.

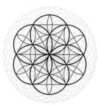

Capítulo 5
Os Campos Morfogenéticos e os Registros Akáshicos

No coração da existência, há algo que parece transcender o tempo e o espaço – uma força invisível que não se limita às leis físicas conhecidas e, no entanto, está intimamente ligada ao crescimento e ao desenvolvimento de todos os seres. Esse fenômeno, que mantém uma espécie de memória para tudo o que existe, é o que Rupert Sheldrake chamou de "campo morfogenético." Sheldrake, um biólogo com uma perspectiva inovadora, postulou que o crescimento, a forma e o comportamento de organismos vivos estão ligados a um campo informacional que carrega a essência das experiências passadas de uma espécie. Esses campos, segundo ele, são como bancos de memória coletiva, acessíveis por qualquer indivíduo, desde a menor célula até um ser humano. Mas o que exatamente são os campos morfogenéticos e como eles se relacionam com a ancestralidade e a evolução da consciência?

O Conceito dos Campos Morfogenéticos

Sheldrake propôs que tudo no universo – desde moléculas e células até plantas, animais e seres humanos – possui um campo energético que "molda" suas características e comportamentos. Esse campo morfogenético carrega uma espécie de memória acumulada de todas as formas e padrões anteriores, como uma rede de informações que orienta a vida a se reproduzir e evoluir. Por exemplo, as folhas de uma planta seguem o padrão de sua espécie não apenas por um código genético, mas também pela influência desse campo morfogenético, que "lembra" a maneira exata de formar cada folha, flor e raiz.

Esses campos morfogenéticos estendem-se além do indivíduo, formando uma ligação direta com a memória ancestral de uma espécie. O comportamento aprendido, as respostas evolutivas e até padrões emocionais, segundo Sheldrake, não estão apenas armazenados em nosso DNA, mas em um campo informacional que une todos os seres semelhantes através das gerações. Em outras palavras, nossos comportamentos e características podem ser influenciados por esse campo, acessando a sabedoria e o conhecimento adquiridos por nossos antepassados.

Ancestralidade e Campos Morfogenéticos

Compreender os campos morfogenéticos é uma forma de entender que a herança ancestral vai além dos traços genéticos. A ancestralidade, nessa perspectiva, carrega memórias e experiências passadas que influenciam nosso comportamento, crenças e até mesmo nossas emoções. Nossas tendências naturais, instintos e até mesmo certos bloqueios emocionais podem ser um reflexo da informação armazenada nesses campos morfogenéticos. Ao nos conectarmos com essas energias ancestrais, estamos acessando um banco de informações e padrões que moldam nossos caminhos e experiências.

Esse conceito se entrelaça com a ideia de que cada um de nós está interligado a um "campo de conhecimento" maior, algo além da nossa compreensão consciente. As práticas de meditação e de busca interior muitas vezes mencionam essa "conexão com os ancestrais" como uma ponte para o autoconhecimento. Essa conexão, muitas vezes carregada de lições e insights, nos permite acessar a sabedoria e os aprendizados daqueles que vieram antes de nós, honrando suas jornadas e aprendendo com os ciclos que deixaram em nossa consciência coletiva.

Os Registros Akáshicos e o Livro da Vida

Assim como o conceito de campos morfogenéticos sugere um banco de memórias compartilhado, o conhecimento antigo dos registros akáshicos descreve uma biblioteca energética que contém todas as informações do universo. De acordo com tradições ancestrais, os registros akáshicos, ou "Livro da Vida," são uma fonte vibracional em que estão contidas as memórias, eventos e experiências de todas as almas, desde o início dos tempos. Esse "registro" é como um arquivo de cada pensamento, palavra, ação e intenção, acessível a qualquer pessoa que consiga elevar sua consciência.

A palavra "Akasha" vem do sânscrito e significa "éter" ou "espaço". Acredita-se que este espaço espiritual transcenda o plano físico e contenha todo o conhecimento do passado, presente e até das possíveis realidades futuras. A consulta aos registros akáshicos permite que os indivíduos explorem suas experiências passadas e encontrem conexões que ajudam a entender suas circunstâncias presentes, seus padrões e até seu propósito.

Enquanto os campos morfogenéticos carregam informações coletivas e instintivas, os registros akáshicos possuem um nível mais profundo e espiritual, no qual as experiências de uma alma específica são guardadas e a verdade universal pode ser acessada. Para muitos, essa prática proporciona um entendimento profundo sobre a sua jornada de vida e ajuda na liberação de padrões antigos que não servem mais ao seu crescimento.

Conectando-se com a Sabedoria Ancestral e a Consciência Universal

Para acessar esses campos de memória e os registros akáshicos, não é necessária uma habilidade sobrenatural, mas sim uma intenção clara e a elevação do estado de consciência. Muitos métodos de conexão incluem meditações profundas, orações, contemplação e até mesmo práticas intuitivas, como a escrita automática e a visualização guiada. Com a prática, é possível sentir uma conexão com a memória ancestral e acessar informações que podem trazer cura e clareza.

Essas informações muitas vezes vêm em forma de intuições ou sensações sutis, revelando aquilo que está latente em nossa psique e corpo, influenciando pensamentos, comportamentos e traumas que, talvez, nem compreendamos completamente. Ao acessar essa sabedoria, encontramos possibilidades para liberar medos e limitações, bem como para reprogramar aspectos emocionais e mentais que nos limitam.

A Jornada da Expansão de Consciência e o Conhecimento Ancestral

A relação entre campos morfogenéticos e registros akáshicos nos ensina que o passado está em um estado contínuo de influência sobre o presente e que o conhecimento ancestral está ao nosso alcance, aguardando para ser redescoberto. O contato com esses campos é uma prática de expansão de consciência, um meio para nos reconectarmos ao nosso ser mais profundo e ao conhecimento acumulado pelas gerações que nos antecederam.

A abertura para esse conhecimento, seja ele dos registros akáshicos ou dos campos morfogenéticos, nos ajuda a entender nossa vida em um contexto maior e a transcender as limitações impostas pelo ego e pela cultura. Mais do que explorar o passado, é um convite para viver uma vida alinhada com a sabedoria universal, com as lições aprendidas ao longo das eras, honrando a jornada dos ancestrais e fortalecendo nossa própria missão no mundo.

Dessa forma, o conceito dos campos morfogenéticos e dos registros akáshicos nos leva a uma jornada de autoconhecimento que envolve não apenas nossos próprios desejos e objetivos, mas um laço indissociável com tudo que já existiu, numa continuidade ininterrupta de experiências e aprendizado que chama cada um de nós a viver, explorar e expandir.

Capítulo 6
Metafísica e Saúde

A relação entre mente e corpo é um tema cada vez mais estudado nas áreas de saúde, psicologia e terapias integrativas. A visão metafísica da saúde propõe que muitos dos sintomas e doenças que experienciamos fisicamente são reflexos de conflitos emocionais, traumas, padrões de pensamento e crenças limitantes. As doenças psicossomáticas, que têm origem psíquica, mas se manifestam no corpo, são exemplo disso.

Enquanto a medicina tradicional trata principalmente o sintoma, a abordagem metafísica busca as causas emocionais, energéticas e espirituais por trás das doenças. A ideia é que, ao curar o que está no plano mental e emocional, é possível promover a recuperação ou o alívio do corpo físico. Vamos explorar algumas doenças psicossomáticas comuns e entender as origens metafísicas por trás delas.

1. Cabeça e Sistema Nervoso

• Cefaleia e enxaqueca: muitas vezes associadas ao excesso de cobrança e à autoexigência. A enxaqueca pode refletir um desejo de controlar as situações, dificuldades de relaxar e abrir mão de decisões.

• Insônia: conectada a preocupações constantes e medo de perder o controle. A insônia pode indicar conflitos internos não resolvidos e uma mente agitada.

• Estresse e ansiedade: relacionados à incapacidade de lidar com pressões diárias, que sobrecarrega o sistema nervoso. Esses estados geralmente vêm de medos reprimidos, exigências internas e falta de flexibilidade.

2. Pescoço e Garganta

• Dor de garganta e faringite: associadas a emoções não expressas, como ressentimento, mágoa e frustrações. Indicam a necessidade de se comunicar de forma mais autêntica.

• Problemas na tireoide: relacionados à falta de expressão e à dificuldade em estabelecer limites. Muitas vezes, há uma resistência em expor os próprios desejos e vontades.

• Torcicolo e rigidez no pescoço: indicativo de teimosia ou resistência em mudar de perspectiva. Pode também simbolizar resistência em perdoar, ficando "preso" em um ponto de vista.

3. Ombros e Coluna Vertebral

• Dores nos ombros: simbolizam um excesso de responsabilidade ou a "carga" de carregar os problemas dos outros. Podem surgir em pessoas que sentem que precisam cuidar de tudo ao seu redor.

• Problemas de coluna (escoliose, hérnia de disco): a coluna representa o suporte da vida. Problemas na coluna geralmente indicam falta de apoio ou uma sensação de incapacidade para se sustentar diante dos desafios.

• Tensão na lombar: relacionada a questões financeiras e inseguranças quanto ao futuro. A dor lombar pode refletir medo de falta de suporte ou de recursos materiais.

4. Sistema Respiratório

• Asma e bronquite: geralmente, essas condições refletem medo, dificuldade em se abrir para o mundo ou sensação de opressão. São comuns em pessoas que tiveram uma infância com limitações de expressão.

• Sinusite: associada a sentimentos de raiva reprimida ou conflitos não resolvidos com figuras de autoridade. A sinusite também pode surgir em pessoas que não conseguem "digerir" experiências ou ambientes.

• Dificuldade em respirar: frequentemente simboliza medo de expressar sentimentos e ideias. Pode haver uma resistência em abrir-se para novas experiências.

5. Sistema Digestivo

• Gastrite e úlcera: relacionadas a excesso de preocupação e sentimentos de ansiedade. Pessoas com gastrite frequentemente internalizam as emoções e podem não expressar o que realmente sentem.

• Refluxo e azia: podem ser sinais de que a pessoa "não consegue engolir" situações ou pessoas. Representam uma resistência em aceitar o que está ao redor.

• Síndrome do intestino irritável: indica dificuldade em soltar e deixar ir. Pessoas que mantêm memórias ou situações negativas podem ter manifestações nesse sistema.

6. Fígado e Vesícula Biliar

• Problemas no fígado (esteatose hepática, hepatite): o fígado está ligado ao processamento da raiva e frustração. Problemas nesse órgão podem representar ressentimento reprimido ou incapacidade de perdoar.

• Cálculos biliares: simbolizam rancores, ressentimentos e "amarguras" acumuladas. Podem indicar uma tendência a guardar mágoas em vez de resolver problemas emocionalmente.

7. Sistema Cardiovascular

• Hipertensão: relacionada a um excesso de pressão interna e dificuldade em liberar o estresse. Muitas vezes, a hipertensão está conectada ao medo e à resistência ao perdão.

Metafísica – A Ciência do Invisível

• Problemas cardíacos (arritmias, infartos): o coração é o centro das emoções. Problemas nesse sistema podem refletir uma incapacidade de amar ou de lidar com emoções negativas, como tristeza e decepção.

• Varizes: estão ligadas a sentimentos de frustração em relação à própria rotina ou vida. Indicam também uma sobrecarga emocional e dificuldade em "fluir".

8. Sistema Imunológico

• Doenças autoimunes: geralmente associadas a conflitos internos e autocrítica. Pessoas com doenças autoimunes podem sentir-se divididas entre o que são e o que desejam ser e tendem a ser excessivamente exigentes consigo mesmas.

• Alergias: relacionadas a aversões emocionais ou resistência em aceitar algo. Por exemplo, alergias respiratórias podem simbolizar resistência a ambientes ou situações desagradáveis.

A Cura Vibracional e a Saúde Integral

Para tratar essas condições, a medicina metafísica ou vibracional sugere explorar as emoções e padrões de pensamento subjacentes a cada doença. Terapias como o Ho'oponopono, a PNL (Programação Neurolinguística), a meditação e a hipnoterapia podem auxiliar no processo de cura emocional. Reconhecendo e transformando os bloqueios emocionais e mentais, o corpo se torna um espelho da harmonia e bem-estar internos.

Doença	Causa Emocional/ Metafísica	Possíveis Soluções
Cefaleia/ Enxaqueca	Excesso de cobrança e controle; dificuldades em relaxar e soltar	Meditação para relaxamento; técnicas de respiração; PNL para reduzir a autoexigência
Insônia	Preocupação constante, medo de perder o controle	Hipnose para sono; práticas de relaxamento; journaling para liberar preocupações
Estresse/ Ansiedade	Medos reprimidos; pressões internas	Terapias de autoconhecimento; reprogramação mental; prática de mindfulness
Dor de Garganta/ Faringite	Emoções reprimidas, dificuldade em se expressar	Exercícios de comunicação assertiva; Ho'oponopono para liberação de mágoas
Problemas na Tireoide	Falta de expressão, dificuldade em estabelecer limites	Meditação para expressão autêntica; afirmações para autenticidade e limites
Torcicolo/ Rigidez no Pescoço	Teimosia, resistência em mudar de perspectiva	PNL para trabalhar flexibilidade; exercícios de relaxamento para o pescoço
Dores nos Ombros	Excesso de responsabilidade, carga emocional	Terapia para definir limites; visualização para soltar peso emocional

Metafísica – A Ciência do Invisível

Doença	Causa Emocional/ Metafísica	Possíveis Soluções
Problemas de Coluna	Falta de apoio, insegurança diante dos desafios	Afirmações para autossustentação; exercícios de fortalecimento; terapia para apoio emocional
Tensão na Lombar	Inseguranças financeiras e medo de falta de suporte	Meditações de segurança e abundância; hipnose para alívio de tensões
Asma/ Bronquite	Medo, sensação de opressão	Práticas de respiração consciente; PNL para alívio de medos
Sinusite	Raiva reprimida, conflitos não resolvidos	Ho'oponopono para resolver conflitos; journaling para liberar emoções
Dificuldade em Respirar	Resistência em expressar sentimentos e ideias	Exercícios de comunicação e expressão; técnicas de abertura emocional
Gastrite/ Úlcera	Excesso de preocupação, ansiedade interna	Meditação para acalmar a mente; programação mental para reduzir ansiedade
Refluxo/Azia	Resistência em "engolir" situações	Terapia para aceitação e soltura; PNL para compreensão de situações desafiadoras

Doença	Causa Emocional/ Metafísica	Possíveis Soluções
Síndrome do Intestino Irritável	Dificuldade em soltar o passado e deixar ir	Exercícios de mindfulness para o presente; afirmações para desapego
Problemas no Fígado	Raiva e frustração não processadas	Ho'oponopono para liberar mágoas; reprogramação para aceitação e perdão
Cálculos Biliares	Rancores e amarguras acumuladas	Terapia para liberação de ressentimentos; visualizações para dissolução emocional
Hiper-tensão	Pressão interna e resistência ao perdão	Meditação para alívio da tensão; PNL para trabalhar perdão
Problemas Cardíacos	Incapacidade de lidar com emoções negativas, dificuldade em amar	Terapias de autoaceitação; hipnose para amor-próprio e compaixão
Veias Varicosas	Frustração com a rotina, dificuldade em "fluir"	Práticas de relaxamento; visualização para desbloqueio emocional
Doenças Autoimunes	Conflitos internos e autocrítica excessiva	Terapias de autocompaixão; hipnose para aceitação; afirmações para reconciliação interna
Alergias	Aversão a algo no ambiente, resistência a mudanças	Journaling para reconhecer resistências; terapia para aceitação e adaptação

Capítulo 7
A Radiestesia e a Cura Vibracional

No contexto da compreensão da metafísica, das frequências vibracionais e dos campos de energia, o estudo e a prática da *radiestesia* mudaram completamente a minha vida e o meu trabalho como terapeuta sistêmico.

A radiestesia é uma *"espada Jedi"* para um terapeuta capacitado e se destaca como uma prática milenar que funciona como uma poderosa ferramenta de cura vibracional e harmonização energética, com resultados surpreendentes na saúde física, emocional e espiritual. Sua importância reside na capacidade de *detectar e transformar energias sutis*, influenciando o equilíbrio interno e externo de indivíduos e ambientes. Ela nos permite acessar e interpretar essas energias sutis que afetam nossa saúde e bem-estar. Através de instrumentos simples como pêndulos, podemos detectar desequilíbrios em nosso campo energético e identificar as áreas de incoerência que necessitam de cura.

A radiestesia nos permite ir além do físico, nos conectando com as frequências que moldam nossa realidade. Ao identificar esses desequilíbrios, podemos realinhar nossas energias para restaurar a harmonia interna. E, quando nossas energias estão alinhadas, a saúde e a prosperidade fluem naturalmente em nossas vidas.

A palavra radiestesia vem do latim "radius" (raio) e do grego "aísthesis" (sensação), ou seja, "sensação de radiações". A prática surgiu na antiguidade, período em que povos antigos utilizavam varas e pêndulos para localizar fontes de água e metais no subsolo. Porém, ao longo dos séculos, seu uso evoluiu para muito além da mera detecção física, expandindo-se para o campo energético e vibracional, quando passou a ser utilizada para avaliar desequilíbrios no corpo humano, detectar bloqueios emocionais e realizar diagnósticos sutis em diferentes níveis.

A radiestesia, como a conhecemos hoje, foi consolidada na Europa nos séculos XVIII e XIX, ganhando popularidade entre cientistas e estudiosos da metafísica que viam nela uma maneira de acessar *campos de energia invisíveis*. Utilizando ferramentas como o pêndulo e as varas, o radiestesista pode sintonizar-se com a energia de uma pessoa, objeto ou local, identificando desarmonias que podem ser a causa de doenças ou desequilíbrios emocionais.

Radiestesia e Metafísica: A Conexão com a Cura Vibracional

A radiestesia se alinha profundamente com os princípios da metafísica, que explora a relação entre o mundo físico e o invisível, e a natureza vibracional da existência. Na metafísica, compreende-se que tudo no universo – desde os corpos físicos até os pensamentos e emoções – é composto de energia que vibra em diferentes frequências. A "cura vibracional", portanto, envolve a harmonização dessas frequências, restabelecendo o fluxo de energia saudável.

Dentro desse contexto, a radiestesia torna-se uma ferramenta essencial para acessar, medir e interagir com essas energias. Ao detectar disfunções energéticas em uma pessoa, o radiestesista pode atuar diretamente sobre elas, numa abordagem terapêutica, equilibrando as vibrações e promovendo o bem-estar. Além disso, ao identificar áreas de estagnação ou campos vibracionais enfraquecidos, o profissional pode sugerir tratamentos vibracionais complementares, como a utilização de frequências sonoras ou essências e suplementos naturais, promovendo um estado de equilíbrio integral.

Equilíbrio e Bem-Estar Físico e Emocional

O impacto e o resultado dos tratamentos de radiestesia na promoção do bem-estar físico e emocional dos meus pacientes são no mínimo surpreendentes. Quando as energias sutis do corpo estão desalinhadas ou bloqueadas, o indivíduo pode experimentar uma série de sintomas, desde doenças físicas até estados emocionais de angústia, ansiedade ou depressão. A radiestesia atua como uma ponte entre o diagnóstico energético e o tratamento vibracional, identificando a origem desses desequilíbrios e possibilitando sua correção antes que se manifestem de forma mais grave no corpo físico.

Por exemplo, desequilíbrios nos centros de energia conhecidos como "chakras" podem ser detectados pela radiestesia e harmonizados através de técnicas específicas, resultando em uma melhora significativa no bem-estar geral da pessoa. Da mesma forma, energias estagnadas em ambientes podem ser ajustadas para promover harmonia e saúde naqueles que ali residem ou trabalham.

Ao atuar diretamente nas frequências energéticas de um indivíduo, essa prática pode trazer à tona bloqueios ocultos, traumas antigos ou padrões vibracionais que afetam a saúde de maneira sutil. O impacto positivo da harmonização energética se reflete em maior vitalidade física, clareza mental e equilíbrio emocional.

Em muitos casos, as pessoas relatam alívio imediato de dores ou desconfortos físicos, bem como uma sensação de leveza e paz interior após sessões e tratamentos com radiestesia. Isso ocorre porque, ao restaurar o fluxo energético natural, o corpo é capaz de voltar ao seu estado de autossuficiência e regeneração, promovendo a cura de maneira profunda e duradoura.

A prática da radiestesia como ferramenta de *cura vibracional* e *harmonização energética* oferece uma maneira de interagir com os campos sutis que moldam nossa realidade. Conectada com os princípios da metafísica, ela nos permite não apenas detectar desequilíbrios, mas também transformá-los, promovendo saúde integral e bem-estar. Ao acessar níveis mais profundos da nossa energia, a radiestesia abre portas para um caminho de autoconsciência, cura e crescimento espiritual.

Da mesma forma, a *radiônica* é uma aplicação prática da metafísica que trabalha com as frequências vibracionais do corpo e da mente. **Ao utilizar dispositivos específicos, somos capazes de amplificar e direcionar frequências de cura para equilibrar o corpo, a mente e o espírito. Essa prática nos ensina que o corpo é muito mais do que um sistema físico; ele é um campo de energia em constante interação com o ambiente.**

A importância dessas práticas reside em sua capacidade de nos reconectar com o aspecto vibracional da nossa existência. Aplicando de forma sistêmica e terapêutica a *radiestesia* e a *radiônica*, podemos nos alinhar com as energias mais elevadas e, assim, criar uma vida de saúde, equilíbrio e prosperidade.

Capítulo 8
Metafísica e Ambiente

Ao aprofundar-se na física quântica, a percepção instantânea de que a realidade é moldada por não apenas o que se vê, mas pelas intenções e expectativas de cada um, desponta como uma das mais profundas revoluções do pensamento moderno. Todo o universo é uma trama intrincada de energias e interações, onde cada partícula dança em um balé cativante. Aqui, destacamos conceitos quânticos como a superposição – a ideia de que uma partícula pode existir em múltiplos estados até ser observada – e o entrelaçamento, que sugere que partículas distantes podem estar intimamente conectadas de formas que transcendem o espaço e o tempo.

Esses maravilhosos fenômenos quânticos não só nos fascinavam, mas também nos oferecem uma nova lente através da qual podemos compreender nossas vidas. Imagine que, assim como as partículas, nossas ações e pensamentos colidem e se entrelaçam com o cosmos, influenciando não apenas o nosso destino, mas também o do mundo ao nosso redor. Cada pensamento positivo que somos capazes de cultivar pode ser uma ação quântica que repercute em nossas realidades, criando caminhos e desenhando possibilidades.

Na prática da radiestesia, essa interconexão se manifesta de maneira palpável. A radiestesia é a habilidade de detectar e medir as energias presentes em ambientes. Seja através do uso de pêndulos ou gráficos, essa prática convida o praticante a ouvir o sussurro das energias que permeiam cada espaço. Os espaços ao nosso redor não são apenas estruturas físicas, mas sim organismos vivos que vibram em diferentes frequências. Aprender a sintonizar-se com essas frequências é como tocar a melodia perfeita que harmoniza nosso ser com o ambiente.

Em muitos momentos da vida, esquecemos que o ambiente ao nosso redor exerce uma influência poderosa sobre nossa saúde, bem-estar e prosperidade. A metafísica nos ensina que o universo é feito de frequências e energia, e, assim, cada lugar, cada objeto, e até mesmo as pessoas carregam uma vibração própria, que ressoa em nossos corpos físico e sutil. Esse ambiente, composto de elementos físicos e energéticos, molda nosso estado mental, emocional e espiritual e, consequentemente, o que manifestamos em nossa vida.

Desde tempos antigos, civilizações compreenderam intuitivamente essa conexão. Os orientais, por exemplo, há milênios observam a disposição dos objetos e a harmonia dos espaços através de práticas como o Feng Shui, em que o fluxo de energia ou "chi" é harmonizado para promover prosperidade, saúde e equilíbrio. A metafísica nos mostra que, assim como nosso ambiente reflete nosso estado interno, ele também tem a capacidade de modificar nossos pensamentos, nossas emoções e, finalmente, nossa realidade. Em outras palavras, aquilo que nos rodeia afeta diretamente a vibração que emitimos ao universo e o que atraímos de volta.

Pense em uma casa que é constantemente negligenciada e mantida em desordem. Essa desarmonia materializa-se energeticamente como um campo vibracional que gera ansiedade, cansaço e bloqueios mentais, prejudicando a saúde e, muitas vezes, afastando oportunidades de crescimento. O ambiente, nesse caso, não se alinha ao fluxo da prosperidade e da saúde plena, pois a energia estagnada impede a circulação de novas possibilidades.

Por outro lado, quando criamos um espaço que inspira, que promove a calma e o foco, esse ambiente reflete e fortalece uma disposição interna para a paz e o crescimento. Plantas, por exemplo, carregam uma frequência viva e energizante que promove o equilíbrio e o bem-estar; luz natural abundante e janelas abertas para ventilação representam um fluxo contínuo de energia, ajudando a clarear a mente e manter o corpo revigorado. Esses detalhes simples ajudam a elevar nossa vibração, sustentando o estado mental e emocional que nos mantém abertos para as infinitas possibilidades de prosperidade.

A metafísica também nos lembra da importância dos pensamentos e sentimentos que mantemos em nosso ambiente. Assim como o espaço físico deve estar harmonioso, também precisamos vigiar a qualidade energética que nós mesmos trazemos para os lugares que frequentamos. Pensamentos negativos ou situações de conflito criam uma atmosfera que drena energia e atrai ainda mais dificuldades. Esse é um ciclo de energia densa, que atrasa o fluxo natural de cura e crescimento.

Assim, a importância de ambientes saudáveis e equilibrados vai além do plano físico e alcança uma dimensão metafísica, onde a energia do espaço nos conecta a um campo vibracional de saúde, harmonia e abundância. É um princípio simples, mas fundamental: ao alinhar nossos ambientes à nossa intenção de prosperidade e saúde, estamos estabelecendo o terreno fértil para que essas qualidades floresçam em nossa vida.

Minhas práticas terapêuticas e harmonizações de residências e empresas mostraram que ambientes equilibrados, harmonizados através da radiestesia, promovem um estado de bem-estar e saúde física e mental. O espaço onde habitamos, os locais que frequentamos e as pessoas com quem convivemos têm um impacto direto em nossa energia e nas nossas ações. Fazer ajustes simples – como reorganizar um cômodo, adicionar elementos da natureza ou se desfazer de objetos que não trazem alegria – pode não apenas transformar um ambiente, mas também revigorar a própria essência do ser humano que nele habita.

É nesse cerne de interconexão que encontramos a visão sistêmica. A compreensão de que tudo está entrelaçado aparece fortemente na forma como encarar a vida. Cada escolha que fazemos não ecoa apenas nas esferas individuais, mas reverbera por toda a teia da vida. A visão sistêmica não apenas nos convida a considerar nossas ações em um espaço maior, mas também instiga uma consciência profunda sobre o impacto que causamos nos outros e no mundo.

O que estamos realmente buscando? O que fazemos todos os dias para elevar nossa consciência e harmonizar essas energias ao nosso redor? Ao permitir-se essa reflexão, você se abre para uma transformação profunda.

Convido você para que com espírito de introspecção e além da superfície, que avance e descubra-se, de maneira que cada capítulo se configure como uma oportunidade inestimável para explorar e integrar esse conhecimento vital em sua própria jornada de autodescoberta.

Prosseguir em uma jornada transformadora demanda um certo desprendimento, uma disposição interna que abraça o novo, incluindo a extensão dos efeitos que nossas escolhas têm sobre a vida que levamos. Quando começamos a refletir sobre o que significa elevar a nossa consciência, somos convidados a fazer uma autoanálise profunda. Afinal, como se apresenta a nossa relação com as energias que nos cercam? Podemos nos perguntar de maneira inquisitiva: "Como está sua conexão com a Fonte Criadora e como você está cumprindo sua missão neste planeta? Quem te influencia? Como está o ambiente ao seu redor?". Essas perguntas não são meramente retóricas; elas são o convite para uma introspecção que fundamenta toda a nossa busca.

Um dos aspectos fundamentais dessa travessia é reconhecer a importância de ajustar o ambiente em que vivemos e trabalhamos. O espaço ao nosso redor influencia a nossa disposição, a qualidade das nossas interações e o modo como nos percebemos. Você já parou para observar o que está ao seu redor? As fotos nas paredes, a disposição dos móveis, a iluminação – tudo isso vibra em uma frequência específica que pode contribuir para nossa saúde e bem-estar ou, pelo contrário, dificultar nossa evolução. O simples ato de reorganizar um espaço pode abrir um fluxo de energia que afeta não apenas o ambiente físico, mas, em última análise, também o emocional.

Haverá momentos na nossa jornada em que a resistência se fará presente. Situações desafiadoras podem gerar desconforto e incerteza. Aqui entra o conceito de resiliência, a chave que nos permite atravessar os percalços com a certeza de que cada obstáculo traz consigo a semente de um novo aprendizado. "Quais áreas da sua vida precisam de equilíbrio?". Essa indagação nos posiciona a agir onde a vida clama por transformação. Mas, mais do que isso, ela nos convida à ação consciente, aquela que é fundamentada em uma visão clara sobre aonde queremos chegar. Se estamos em um momento de desequilíbrio, o primeiro passo é reconhecer esse estado e, a partir daí, buscar as ferramentas que nos ajudarão a restaurar a harmonia.

Capítulo 9
Radiônica e Feng Shui
para o Equilíbrio Vibracional

A harmonia de um ambiente não é meramente o que se vê; vai além da disposição de móveis, cores ou objetos. Há um fluxo invisível de energias que, embora intangível, influencia diretamente nossas emoções, pensamentos e até mesmo o estado físico. É nessa interação sutil que encontramos o elo entre a metafísica e a harmonia dos ambientes, revelando-se nas práticas de radiônica e Feng Shui como ferramentas de transformação e equilíbrio.

Imagine que cada espaço que habitamos – desde um cômodo até uma paisagem ampla – possui seu campo energético, uma espécie de assinatura vibracional que interage com a nossa própria frequência. Assim como o corpo é suscetível às forças que o cercam, o espaço físico também carrega as intenções e energias depositadas ao longo do tempo. A metafísica nos ensina que essas energias se comunicam com nossa mente e alma, como se cada ambiente tivesse uma história e uma influência próprias.

Radiônica: Ajustando as Frequências do Ambiente

A radiônica surge como uma ferramenta para ajustar e equilibrar essas energias, harmonizando as frequências do espaço com as nossas próprias. Desenvolvida no século XX, a radiônica é um campo de estudos que trabalha com a emissão de vibrações por meio de gráficos, símbolos e dispositivos específicos, baseando-se no conceito de que toda matéria emite energia. Ao aplicar esses instrumentos em um ambiente, seja um lar ou espaço de trabalho, é possível ajustar frequências que parecem dissonantes, removendo bloqueios e restaurando o fluxo de energia.

O uso de gráficos de radiônica, como o gráfico de Yoshua ou o Harmonia, permite selecionar a vibração adequada para um ambiente específico. Em um escritório onde a criatividade precisa fluir, por exemplo, a radiônica pode ajudar a fortalecer frequências que incentivam a inspiração e o foco, enquanto em um quarto de descanso é possível configurar a vibração para promover serenidade e relaxamento profundo.

A prática de radiônica não requer equipamentos complicados; com instrumentos como pêndulos e gráficos específicos, é possível detectar e corrigir campos de energia dissonantes. O objetivo é criar um campo harmônico que reequilibre os ambientes e os torne propícios para diferentes atividades, mantendo o bem-estar de quem os frequenta.

Exemplos de Gráficos Radiônicos para Harmonização

Gráfico Harmonia

O gráfico radiônico "Harmonia" é um dos mais populares no universo da radiestesia e radiônica e é amplamente utilizado para equilibrar e harmonizar as energias de um ambiente. Ao emitir uma vibração específica, ele age como um "sintonizador" que regula as frequências energéticas de um espaço, ajudando a desobstruir campos energéticos densos e promovendo o bem-estar físico, mental e espiritual dos ocupantes do local. Aqui estão alguns dos principais benefícios e os resultados esperados ao usar o gráfico radiônico "Harmonia":

1. Equilíbrio Energético e Redução de Tensões

• O gráfico "Harmonia" age no espaço como um harmonizador das vibrações, ajudando a desintoxicar o ambiente de energias densas ou acumuladas. Com o uso contínuo, é comum sentir uma sensação de leveza e tranquilidade no local, que se torna mais propício para a concentração, a interação harmônica entre as pessoas e a resolução de conflitos.

• Essa redução de tensões pode ser especialmente benéfica em locais de trabalho, salas de estudo ou ambientes onde a concentração e o foco são essenciais.

2. Aumento de Bem-Estar e Serenidade

• Esse gráfico emite uma vibração que eleva o nível energético do espaço, promovendo uma atmosfera de paz e serenidade. Isso pode ser benéfico em locais como quartos, salas de meditação ou ambientes de descanso, onde o intuito é relaxar e restaurar as energias.

• Pessoas que se sentem emocionalmente exaustas, ansiosas ou sobrecarregadas costumam relatar alívio ao passar um tempo em um ambiente onde o gráfico "Harmonia" está ativo.

3. Apoio ao Processo de Cura e Recuperação

• Por estimular a harmonização das energias, o gráfico pode colaborar no processo de cura em ambientes terapêuticos, como consultórios e clínicas.

• Ele facilita a fluidez energética, apoiando tratamentos físicos e emocionais ao criar um campo de vibração positiva que estimula a regeneração e o equilíbrio do corpo e da mente.

4. Promoção de Interações Saudáveis

• Em ambientes familiares ou profissionais, onde há convivência entre pessoas com diferentes energias e personalidades, o gráfico "Harmonia" ajuda a suavizar as vibrações e diminuir atritos, promovendo interações mais empáticas e colaborativas.

• Esse aspecto é especialmente útil em reuniões, locais de trabalho e residências, incentivando a comunicação saudável e diminuindo o potencial de conflitos.

5. Elevação da Frequência Vibracional do Ambiente

• O gráfico "Harmonia" contribui para aumentar a vibração energética do local, permitindo que energias mais elevadas e positivas prevaleçam. Isso favorece o fluxo de pensamentos claros e decisões intuitivas e cria uma atmosfera favorável para meditações, práticas de relaxamento e autoconhecimento.

• Esse efeito de elevação vibracional é especialmente indicado para ambientes onde se praticam atividades espirituais ou meditativas, como salas de yoga, espaços de cura e consultórios.

Como Utilizar o Gráfico "Harmonia"

Para utilizar o gráfico, é recomendável posicioná-lo em um local estratégico, centralizado ou próximo a áreas de maior circulação. Ele pode ser ativado com a intenção mental de purificação, equilíbrio ou qualquer outra necessidade específica para o ambiente. Algumas pessoas preferem usá-lo com um cristal no centro, o que potencializa ainda mais seu efeito vibracional.

Com o uso constante, o gráfico "Harmonia" se torna um aliado valioso para manter o ambiente alinhado e equilibrado, ajudando a criar um espaço onde a energia flui de forma positiva e benéfica para todos os presentes.

Gráfico Yoshua

O gráfico radiônico Yoshua é conhecido por sua poderosa atuação no campo espiritual, sendo amplamente utilizado para a purificação energética de ambientes e para elevar a vibração espiritual de quem frequenta o espaço. Nomeado em referência ao nome aramaico de Jesus, Yoshua, esse gráfico emite uma frequência elevada que favorece a conexão espiritual e estimula a presença de energias puras e protetoras no ambiente. Aqui estão alguns dos principais benefícios e resultados de seu uso:

1. Purificação e Limpeza Energética do Ambiente

• O gráfico Yoshua é especialmente eficaz na limpeza de energias densas e de baixa frequência. Ele atua como um "ímã espiritual", desobstruindo e dissolvendo padrões energéticos negativos, seja em ambientes onde houve conflitos, estresse, ou presença de sentimentos negativos.

• Esse benefício torna o espaço mais leve e harmonioso, promovendo sensações de paz e clareza para quem o frequenta.

2. Proteção Espiritual e Elevação de Frequência

• Uma das propriedades mais potentes do gráfico Yoshua é sua capacidade de gerar uma "proteção espiritual" ao redor do ambiente. Ele eleva a frequência vibracional, formando uma barreira energética que repele vibrações de baixa densidade e previne a entrada de influências negativas.

• Esse aspecto é muito útil em ambientes onde há grande circulação de pessoas, como escritórios, consultórios terapêuticos ou residências, onde as energias externas podem facilmente interferir na harmonia do local.

3. Favorece a Conexão Espiritual e o Crescimento Pessoal

• Ao elevar a vibração do espaço, o gráfico Yoshua favorece a introspecção, a meditação e a conexão com a espiritualidade. É ideal para locais de prática espiritual, como salas de meditação ou qualquer espaço onde as pessoas busquem uma conexão mais profunda consigo mesmas ou com o divino.

• A presença do gráfico ajuda a ampliar a clareza mental e a intuição, facilitando práticas de autoconhecimento e de busca espiritual, como orações e reflexões.

4. Aumento da Paz, Serenidade e Bem-Estar Emocional

• O gráfico Yoshua é conhecido por criar uma atmosfera de paz e serenidade, promovendo o bem-estar emocional de quem permanece no ambiente. Ele tem o efeito de acalmar a mente e aliviar o estresse, além de promover um sentimento de acolhimento e conforto.

• Em locais de descanso, como quartos de dormir, salas de estar e áreas de convivência, o gráfico ajuda a diminuir tensões emocionais e promove o relaxamento, sendo um excelente auxílio para a restauração do equilíbrio emocional.

5. Potencialização de Terapias e Tratamentos Energéticos

• Em consultórios de terapeutas e profissionais de radiestesia, o gráfico Yoshua serve como um catalisador para tratamentos energéticos, potencializando a eficácia dos processos de cura e harmonização. Sua frequência eleva o campo energético do ambiente, o que intensifica os benefícios das práticas de cura espiritual e energética realizadas no local.

- É ideal para terapeutas que trabalham com energia, pois auxilia no aprofundamento das práticas de cura e amplifica a vibração espiritual do espaço.

Como Utilizar o Gráfico Radiônico Yoshua

Para melhores resultados, o gráfico Yoshua pode ser colocado em locais centrais do ambiente, próximo a entradas ou em locais onde se busca elevar a energia espiritual. Algumas pessoas preferem potencializar o gráfico com cristais como a ametista ou o quartzo transparente no centro da imagem, pois isso ajuda a ampliar sua atuação. Ele também pode ser usado junto com uma intenção clara de limpeza e proteção do ambiente.

Gráfico SCAP

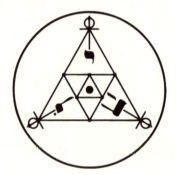

O gráfico radiônico SCAP (Símbolo Compensador de André Philipe ou Sistema de Captação e Amplificação de Proteção) é um instrumento poderoso no campo da radiônica, especialmente desenvolvido para lidar com a proteção contra radiações nocivas, como ondas eletromagnéticas, radiações de redes elétricas, e até energias de baixa vibração que possam afetar o equilíbrio de um ambiente. Esse gráfico é indicado tanto para residências quanto para espaços comerciais e locais de trabalho onde as pessoas ficam expostas por longos períodos a eletrônicos e outras fontes de radiação.

Significado e Propósito do Gráfico SCAP

O SCAP é um gráfico estruturado para captar e transformar energias nocivas em vibrações mais equilibradas, protegendo quem está no ambiente de possíveis impactos negativos na saúde e bem-estar. Ele funciona como uma barreira que impede que a energia desequilibrada penetre ou se acumule no local, trazendo mais segurança e harmonia ao espaço. Esse gráfico é usado principalmente para neutralizar a poluição eletromagnética e melhorar a qualidade energética do ambiente.

Principais Benefícios do Gráfico SCAP

1. Neutralização de Radiações Eletromagnéticas e Tecnológicas

- Em ambientes com muitos dispositivos eletrônicos (como celulares, computadores, roteadores de Wi-Fi, micro-ondas etc.), o SCAP atua absorvendo e neutralizando a radiação emitida, que pode afetar a saúde física e mental das pessoas a longo prazo.

- Esse efeito de neutralização é especialmente benéfico para ambientes de trabalho, quartos e áreas de convivência, onde passamos longas horas expostos a eletrônicos.

2. Proteção Contra Energias Negativas e Geopatias

- O gráfico SCAP é eficaz contra as chamadas "geopatias" – energias de zonas que naturalmente emitem frequências nocivas para os seres vivos, como redes geomagnéticas (Linhas Hartmann e Curry) e interferências provenientes do subsolo.

- Com o SCAP em ação, a energia de baixa frequência e as influências negativas são dispersas, criando um ambiente mais saudável e equilibrado.

3. Melhoria na Qualidade do Sono e Redução de Estresse

- Em residências, o SCAP é muito benéfico para melhorar a qualidade do sono, pois neutraliza a radiação em ambientes próximos ao corpo, especialmente durante a noite, quando a regeneração celular e a reparação energética são essenciais para a saúde.

- A redução da interferência eletromagnética contribui para a diminuição de sintomas como insônia, ansiedade e até dores de cabeça, promovendo um estado de relaxamento e equilíbrio emocional.

4. Harmonização Energética do Ambiente

• O SCAP promove a harmonização do ambiente, criando uma vibração mais tranquila e agradável, propícia para atividades que exigem concentração e bem-estar. Ele protege o espaço de energias externas indesejadas, impedindo que vibrações negativas entrem e se instalem.

• Essa harmonização é especialmente útil em locais onde as pessoas buscam um estado de calma, como salas de terapia, escritórios e áreas de convivência.

Como Utilizar o Gráfico Radiônico SCAP

Para obter os melhores resultados, o SCAP pode ser colocado estrategicamente no ambiente, geralmente próximo às áreas de maior concentração de dispositivos eletrônicos ou junto a fontes de energia, como entradas elétricas e roteadores. Em quartos, recomenda-se posicioná-lo próximo à cama para evitar a interferência de radiação durante o sono. Em alguns casos, ele pode ser utilizado junto a cristais, como a turmalina negra, que potencializa a proteção contra radiações.

Resultados Esperados com o Uso do Gráfico SCAP

Ao utilizar o gráfico SCAP regularmente, é possível notar uma redução significativa de sintomas associados à exposição constante a radiações, como cansaço inexplicável, irritabilidade e dores de cabeça. As pessoas podem experimentar uma maior clareza mental, melhor qualidade do sono e um estado emocional mais equilibrado. No longo prazo, o SCAP ajuda a manter a energia do ambiente mais pura e protegida, proporcionando um espaço de maior bem-estar e saúde.

Feng Shui: A Sabedoria Ancestral da Harmonia

Antes da radiônica se popularizar, o Feng Shui já era amplamente praticado no Oriente há milênios como um guia sagrado para organizar ambientes e aprimorar o fluxo de energia. Originado na antiga China, o Feng Shui, literalmente "vento" e "água", surgiu de observações profundas sobre a natureza e sua influência nos seres humanos. Compreender o Feng Shui é perceber que tudo no espaço físico possui uma energia que dialoga com o todo, e essa conversa tem o poder de transformar a vida daqueles que habitam esses ambientes.

O Feng Shui considera que o Chi, ou energia vital, deve fluir livremente para garantir a saúde e a prosperidade dos ocupantes de um espaço. Existem várias ferramentas e conceitos que orientam essa prática, como o Baguá, uma mandala octogonal usada para avaliar as diferentes áreas da vida que podem ser harmonizadas dentro de um ambiente.

Por exemplo, o setor norte da casa está associado à carreira e ao caminho de vida. Colocar elementos aquáticos, como fontes ou objetos de cor azul nesse local pode incentivar o crescimento e as oportunidades profissionais. No setor leste, que representa saúde e bem-estar, objetos de madeira e tons de verde trazem vitalidade e harmonia ao ambiente, promovendo saúde e equilíbrio emocional.

Simples prática de harmonização no dia a dia

Para começar a harmonizar um ambiente, considere um dos princípios mais práticos do Feng Shui: a organização e a remoção de excessos. Objetos antigos e desgastados carregam uma energia de estagnação que pode interferir no fluxo do Chi. Remover o que não é mais necessário é o primeiro passo para abrir espaço para energias frescas e renovadoras.

Uma prática acessível é a organização dos objetos de acordo com suas áreas de influência no Baguá. Um simples ato de rearranjar o espaço, adicionando elementos como espelhos, cristais e plantas naturais, pode criar uma sensação de frescor e revitalização. Espelhos, por exemplo, são poderosos aliados na expansão do Chi, especialmente em espaços pequenos, onde ajudam a circular a energia.

A radiônica pode complementar o Feng Shui para intensificar o fluxo positivo em determinadas áreas. Com um gráfico de radiônica colocado estrategicamente, é possível ampliar a vibração do ambiente, colaborando para um espaço mais harmonioso e equilibrado. Os pêndulos também podem ser usados para detectar áreas onde a energia parece mais densa ou desorganizada, funcionando como ferramentas para compreender e ajustar os fluxos energéticos.

O Baguá

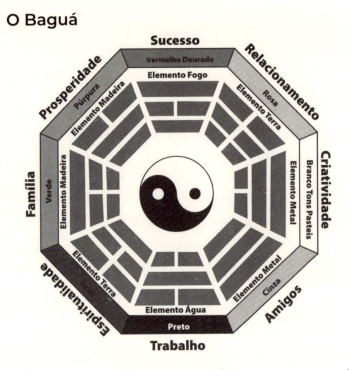

No Feng Shui, o baguá é uma ferramenta essencial usada para identificar as áreas de energia em um ambiente e ajustar a disposição dos objetos para melhorar o fluxo energético. Ele é um diagrama octogonal com oito áreas ao redor de um centro, cada uma representando aspectos específicos da vida, como prosperidade, saúde e relacionamentos. Aplicar o baguá em uma casa ou espaço permite identificar áreas que podem ser equilibradas e energizadas, promovendo harmonia e bem-estar.

Como Utilizar o Baguá

1. Posicionamento: para aplicá-lo, o baguá é posicionado sobre a planta baixa da casa, com o lado do "Trabalho" alinhado com a entrada principal do ambiente.

2. Ajuste do espaço: em cada área identificada, objetos e elementos decorativos podem ser adicionados para fortalecer a energia daquele aspecto específico. Cores, materiais e objetos simbólicos são usados para "ativar" as energias desejadas.

Significado de Cada Área do Baguá

1. Trabalho e Carreira
(Elemento: Água; Cor: Preto e Azul)

Representa a carreira e o propósito de vida. Para fortalecer essa área, o uso de fontes de água, elementos ondulados e tons de azul pode ajudar.

2. Espiritualidade e Sabedoria
(Elemento: Terra; Cor: Azul e Verde)

Relacionada ao crescimento pessoal e aprendizado. Livros, objetos simbólicos e cores como azul ou verde podem estimular a sabedoria e o autoconhecimento.

3. Família e Antepassados
(Elemento: Madeira; Cor: Verde)

Ligada às conexões familiares e ao apoio dos ancestrais. Plantas, madeira e a cor verde são benéficos nessa área.

4. Prosperidade e Riqueza
(Elemento: Madeira; Cor: Roxo)

Associada à abundância e riqueza. Cristais, objetos dourados ou roxos e plantas prósperas, como o bambu, ajudam a ativar a energia de prosperidade.

5. Fama e Reputação
(Elemento: Fogo; Cor: Vermelho)

Relacionada à imagem pública e ao reconhecimento. Velas, objetos vermelhos e elementos pontiagudos representam o fogo, fortalecendo essa área.

6. Relacionamentos e Amor
(Elemento: Terra; Cor: Rosa)

Esta área reflete a harmonia e o amor nos relacionamentos. Objetos em pares, cristais rosados e cores como o rosa e o vermelho ativam a energia amorosa.

7. Criatividade e Filhos
(Elemento: Metal; Cor: Branco)

Ligada à expressão criativa e à energia das crianças. Objetos de metal, tons claros e símbolos de criatividade estimulam cssa área.

8. Amigos e Viagens
(Elemento: Metal; Cor: Cinza)

Refere-se ao apoio dos amigos e à oportunidade de viagens. Objetos metálicos e fotos de viagens podem atrair boas conexões e novas aventuras.

9. Centro (Saúde e Equilíbrio)
(Elemento: Terra; Cores: Amarelo e Terracota)

O centro simboliza a saúde e o equilíbrio geral. Objetos de cerâmica e tons terrosos ajudam a manter a estabilidade energética de todo o espaço.

Aplicar o baguá em um ambiente harmoniza cada aspecto da vida ao ajustar o ambiente físico, promovendo bem-estar, equilíbrio e realização em diferentes áreas da vida.

A Harmonia como Reflexo da Alma

Quando harmonizamos nossos ambientes, estamos, na verdade, harmonizando nossa própria energia. A metafísica, através da Radiônica e do Feng Shui, nos ensina que o ambiente externo reflete nosso estado interior e vice-versa. Se um ambiente está desorganizado ou carregado de energias conflitantes, dificilmente podemos sentir paz, produtividade ou alegria. A harmonização do ambiente na verdade está ligada à harmonia interior.

Com um espaço harmônico, nossas frequências pessoais ressoam em alinhamento, e nossa mente, corpo e espírito se sentem apoiados para crescer, descansar e explorar novas possibilidades. A prática dessas técnicas oferece mais do que uma estética agradável; é um caminho para viver em consonância com o universo, permitindo que o Chi, ou a energia vital, flua não apenas ao nosso redor, mas também dentro de nós. Em última instância, a harmonia do ambiente se transforma em uma sinfonia silenciosa, em que nossas intenções encontram solo fértil para prosperar.

Capítulo 10
As Armadilhas das Distrações: Um Véu sobre a Essência Divina

Vivemos em um mundo saturado de estímulos. As distrações, invisíveis a princípio, se entrelaçam em nossa rotina como fios de uma teia sutil, nos envolvendo gradativamente até nos afastarem do que realmente importa: nossa conexão com o divino e o propósito pelo qual estamos aqui. Somos bombardeados por uma torrente incessante de informações, entretenimentos e obrigações que, ao invés de nos libertar, nos prendem em uma prisão de superficialidades. E assim, sem perceber, nos desconectamos.

As distrações não são apenas aquelas óbvias, como a tela incessante do celular ou a TV ligada em segundo plano. Elas são mais insidiosas, infiltrando-se em nossos pensamentos, poluindo a mente com preocupações fúteis e desejos efêmeros. É o murmúrio constante de "preciso ser mais produtivo" ou "o que os outros estão pensando de mim?" que nos afasta da verdadeira introspecção. Em meio a essa cacofonia mental, nossa atenção se dispersa, e aquilo que deveria ser uma jornada de autoconhecimento se torna uma corrida desenfreada para atender expectativas externas e ilusões do ego.

Esse ritmo frenético nos faz esquecer o que está sempre presente: a quietude da alma, o silêncio profundo onde habita o Divino.

Deus não grita em meio ao caos. Sua voz é serena, sussurrada no íntimo de nosso ser, e só pode ser ouvida quando paramos para escutar. Mas, infelizmente, a maioria de nós se encontra tão envolvida na maré alta das distrações que esquecemos como parar. O barulho do mundo se torna tão familiar que o silêncio começa a parecer um desconforto, algo a ser evitado a todo custo. E, nesse processo, a conexão com a Fonte se enfraquece.

A cada instante em que nos permitimos ser sugados por essas distrações, algo mais profundo acontece: nos afastamos do nosso verdadeiro propósito. Porque é no espaço vazio, no intervalo entre as ações, que a sabedoria divina se revela. O propósito não é encontrado em listas intermináveis de afazeres ou nas expectativas impostas pela sociedade. Ele floresce no espaço entre os pensamentos, no momento presente, quando nos alinhamos com quem realmente somos. E esse alinhamento exige, acima de tudo, atenção plena.

A distração é a antítese da atenção plena. E a atenção plena, ou presença consciente, é a única forma de encontrar o caminho de volta ao divino. Quando estamos plenamente presentes, cada momento se torna sagrado. Nossas ações não são mais movidas por automatismos, mas guiadas por uma intenção superior. E é nesse estado que começamos a perceber o que sempre esteve diante de nós: somos parte de algo maior, uma peça vital em uma sinfonia cósmica que, sem nós, não seria completa.

Mas como podemos alcançar esse estado de presença em um mundo que constantemente nos puxa para longe dele? O primeiro passo é simples, mas profundo: precisamos reconhecer que estamos distraídos. Parece óbvio, mas a maioria de nós vive tão imersa em distrações que nem sequer se dá conta de que está desconectado. É preciso uma pausa, uma interrupção consciente para perceber o quanto estamos sendo levados pelas correntezas da superficialidade.

Depois desse reconhecimento, vem a prática do retorno. O retorno à quietude, à simplicidade. Precisamos criar espaços em nossa vida onde o ruído externo não tem lugar – momentos de silêncio, de contemplação, de conexão genuína com nós mesmos e com o divino. Esse espaço sagrado, embora pequeno, tem o poder de expandir-se dentro de nós. À medida que praticamos o retorno à presença, percebemos que as distrações perdem gradativamente seu poder sobre nós. E, com isso, algo extraordinário começa a acontecer: nos reaproximamos de nosso propósito.

O propósito de vida não é algo que se encontra fora, em alguma atividade específica ou em uma conquista. Ele é um estado de ser, um fluxo natural que emana de nossa conexão com a Fonte. Quando estamos presentes, quando estamos alinhados, as ações corretas emergem de forma natural e espontânea. Não precisamos correr atrás delas. Elas vêm até nós, como um rio que flui sem esforço.

Metafísica – A Ciência do Invisível

As distrações, por outro lado, nos convencem de que a vida é uma busca constante por algo que está fora de nosso alcance. Elas nos mantêm em um ciclo interminável de insatisfação, sempre prometendo que a próxima conquista, o próximo sucesso ou o próximo prazer será o suficiente para preencher o vazio interior. Mas esse vazio nunca pode ser preenchido por algo externo. Ele só pode ser preenchido pelo reencontro com a nossa essência divina, pela reconexão com Deus.

O que muitas pessoas falham em perceber é que as distrações não são apenas um obstáculo à espiritualidade, mas também ao nosso bem-estar emocional e físico. A desconexão de nossa essência nos afasta da verdadeira saúde. Quando estamos imersos em distrações, nossa mente fica inquieta, nossos pensamentos se tornam caóticos e nosso corpo reflete esse descompasso. O estresse, a ansiedade e a falta de paz interior são apenas sintomas de uma mente que se afastou de sua natureza profunda. O retorno à presença e à conexão com o divino é o único caminho para a cura plena, pois é nesse estado que nosso corpo e mente podem encontrar o equilíbrio que tanto buscamos.

A prosperidade verdadeira também nasce desse estado de alinhamento. Quando estamos desconectados, a prosperidade se torna algo que perseguimos externamente, muitas vezes sem sucesso. Mas, quando estamos conectados à Fonte, entendemos que a verdadeira prosperidade é um reflexo de nossa abundância interior. Tudo o que precisamos já está disponível para nós, mas só podemos acessar essa abundância quando estamos em harmonia com a vida, e não imersos em distrações.

A questão, portanto, não é se podemos ou não alcançar saúde, felicidade ou prosperidade. A questão é se estamos dispostos a nos desconectar das distrações que nos afastam de nossa verdade mais profunda. Estamos dispostos a nos silenciar o suficiente para ouvir a voz de Deus? Estamos dispostos a abrir mão do barulho constante e das distrações superficiais para encontrar a paz interior e o propósito que tanto buscamos?

O primeiro degrau para a mudança é a consciência. E, a partir do momento em que nos tornamos conscientes das distrações que nos envolvem, podemos começar a desfazer o véu que nos separa da verdade. Podemos, finalmente, começar o retorno à nossa essência divina e ao propósito pelo qual viemos a este mundo.

A verdadeira liberdade não está em acumular mais – mais coisas, mais sucesso, mais validação externa. A verdadeira liberdade está em desapegar-se dessas armadilhas e retornar ao que é eterno. Porque é na simplicidade do presente, na quietude da alma e na conexão com o divino que encontramos tudo o que precisamos. O propósito, a paz, a prosperidade e a saúde plena já estão dentro de nós, esperando pacientemente para serem redescobertos.

Quando eu era criança, o mar era o meu refúgio. Eu podia passar horas à beira das ondas, sentindo a brisa suave sobre meu rosto, enquanto as ondas vinham e iam como um movimento que me fazia entrar em estado de fluxo total. Havia uma sensação única de liberdade, uma espécie de tranquilidade que só o mar sabia oferecer. Eu corria e mergulhava na água cristalina, sentia a areia macia sob os pés, e aquela brisa salgada, que trazia

Metafísica – A Ciência do Invisível

consigo o cheiro do oceano, era como um abraço silencioso, renovador.

O mar me ensinava sem dizer uma palavra. Cada onda que se quebrava à minha frente trazia uma lição sutil sobre a natureza da vida: às vezes suave, às vezes forte, sempre em movimento. Quando eu olhava para o horizonte, sentia-me pequeno diante daquela vastidão, mas, ao mesmo tempo, profundamente conectado a algo maior. Era como se, por breves instantes, todo o mundo lá fora desaparecesse. Não havia preocupações, não havia ruídos. Apenas o som das ondas e o ritmo constante do mar.

Aquela conexão era tão profunda que, mesmo quando voltava para casa, ainda sentia o vento, ainda ouvia o mar. Ele estava em mim. Era como se, em meio àquela imensidão, eu encontrasse um pedaço de mim mesmo, um eco da minha própria essência.

Hoje, olhando para trás, percebo que aqueles momentos junto ao mar eram mais do que simples diversão. Eles eram uma forma de me reconectar com algo primordial, com o silêncio que habita dentro de nós e que muitas vezes perdemos no caos da vida adulta. Eu não sabia na época, mas o mar, com seu movimento constante e sua imensidão, estava me mostrando o caminho de volta para minha essência.

Capítulo 11
A Consciência e o Estado de Presença

A jornada para elevar nossa consciência começa no primeiro passo, que é a compreensão. Compreender o significado profundo desse estado elevado é abrir as portas para transformações significativas em nossas vidas. O que significa realmente viver em um estado de maior consciência? Em sua essência, é a habilidade de perceber e reconhecer as energias que nos cercam e entender como nossa frequência vibracional impacta não só a nós, mas a todos ao nosso redor.

É fundamental fazermos um exame sincero de como nos sentimos em diferentes momentos do nosso dia. Você já notou como um simples gesto de amor ou uma palavra gentil de alguém pode causar um efeito avalanche em nosso humor? Da mesma forma, podemos encontrar-nos em situações em que a negatividade parece estar no ar, afetando nosso bem-estar. A consciência, portanto, está enraizada na observação – a habilidade de estar presente e atento às nuances da vida.

Para iniciar essa prática, convido você a refletir sobre momentos em que se sentiu absolutamente "ligado" a um espaço ou uma experiência. Pode ser uma conversa significativa, uma caminhada sob a luz da lua ou um momento de contemplação em que sentiu uma conexão profunda consigo mesmo. Ao registrá-los em um diário, esse exercício não só aumenta a autoestima, mas também fortalece a autoconsciência. Afinal, quanto mais conhecemos a nós mesmos, mais claro nosso caminho se torna.

O Estado de Presença

O conceito de "estado de presença" refere-se à capacidade de estar completamente consciente e envolvido no momento presente, sem se perder em pensamentos sobre o passado ou expectativas sobre o futuro. Estar em estado de presença significa observar cada momento com total atenção e receptividade, sem julgamentos ou distrações, o que nos coloca em sintonia com a realidade tal como ela é, abrindo espaço para a paz e a clareza.

O sofrimento humano é frequentemente causado pela identificação com a mente – por pensamentos repetitivos, ansiedades e lembranças que nos afastam do momento presente. A chave para a paz interior e para uma vida mais plena está em interromper esse fluxo de pensamentos, escolhendo focar a atenção no "agora".

Quando nossa atenção está totalmente no agora, não estamos presos aos pensamentos do ego, que busca incessantemente o que "deveria" ter sido ou o que "precisa" ser. No estado de presença, há um senso de paz e aceitação, um desligamento do que ele chama de "corpo de dor" – os traumas e emoções passados, que, quando alimentados, nos prendem em ciclos de sofrimento.

Práticas simples e cotidianas para cultivar o estado de presença:

1. Observação da respiração: direcionar a atenção para a respiração traz a mente para o momento presente, porque o ato de respirar acontece sempre "agora". Ao observar a respiração, percebemos o corpo, acalmamos os pensamentos e ganhamos clareza.

2. Silenciar a mente: quando sentimos o impulso de reagir com pressa ou ansiedade, podemos fazer uma pausa e silenciar a mente, observando os pensamentos como uma "testemunha". Essa prática permite distinguir entre o verdadeiro "eu" e o fluxo mental do ego.

3. Consciência corporal: estejamos atentos ao corpo e às sensações nele presentes. Conectar-se ao corpo promove a ancoragem no presente, evitando que sejamos arrastados por pensamentos e sentimentos intensos.

4. Aceitação radical: a prática de aceitar plenamente cada momento, como ele é, é fundamental para o estado de presença. Isso não significa conformismo, mas sim uma entrega ao agora, que pode nos libertar das resistências mentais e emocionais.

Como o Estado de Presença Transforma a Vida

Viver no estado de presença tem efeitos transformadores: nos tornamos mais conscientes de nossas ações, das palavras que usamos e das intenções que colocamos nelas. Nossa comunicação melhora, pois passamos a ouvir verdadeiramente os outros, e nosso foco aumenta, permitindo-nos realizar tarefas com mais profundidade e eficiência.

No estado de presença, existe uma sensação de que estamos alinhados com uma inteligência maior, além do pensamento racional. Esse alinhamento permite perceber a vida com um olhar novo, menos condicionado, e nos aproxima de uma vivência mais profunda e espiritual. A prática constante desse estado é, em essência, a própria paz interior – que surge quando nos desapegamos das ilusões da mente e finalmente "somos" o agora.

Meditação

A meditação não é apenas uma técnica, mas um convite à quietude interior, quando podemos escutar nossos sentimentos mais íntimos e, assim, realinhar nossa frequência vibracional. É por meio da meditação que começamos a descobrir novas dimensões de nós mesmos, desbloqueando um potencial que, muitas vezes, permanece adormecido. Experimente dedicar alguns minutos do seu dia para ficar em silêncio, apenas ouvindo a batida do seu coração. Nesse espaço sagrado, a paz encontra seu lugar, e a consciência floresce.

A meditação é uma prática simples, mas poderosa, que oferece uma série de benefícios para o corpo, a mente e o espírito. Ao nos dedicarmos a ela regularmente, podemos experimentar uma paz interna mais profunda, maior clareza mental e uma conexão mais verdadeira com nossa própria essência e com o que realmente queremos para nossa vida.

Nunca dei importância para a meditação até começar

Nunca me preocupei em meditar. Parecia uma coisa chata na minha época de mundo corporativo. A vida parecia pulsar mais forte no ritmo constante das metas, da corrida incessante. Mas algo mudou quando deixei para trás a vida corporativa e mergulhei nas profundezas do estudo da Programação Neurolinguística e da hipnoterapia. Com esse novo caminho, como professor e terapeuta surgiu algo inesperado: a meditação. E o que antes parecia um luxo ou um descanso supérfluo tornou-se uma prática transformadora.

Com o tempo e a prática, fui descobrindo a força que reside em técnicas simples de mindfulness e meditação. Esses momentos dedicados ao silêncio e à consciência são portais para uma nova forma de viver. Em lugar de reagir automaticamente a cada estímulo externo, aprendi a pausar e a observar. Essa pausa permite reorientar o foco e libertar a mente de preocupações desnecessárias, ajudando a recuperar o equilíbrio.

Metafísica – A Ciência do Invisível

A meditação também transforma a maneira como percebemos o corpo e a saúde. Ao aquietar os pensamentos, o corpo relaxa profundamente. Isso permite que o sistema nervoso se regule, diminuindo a pressão arterial, reduzindo o cortisol (o hormônio do estresse) e, consequentemente, fortalecendo o sistema imunológico. Estudos mostram que a prática regular da meditação pode até modificar o cérebro, criando novas conexões neuronais e aumentando áreas responsáveis pela atenção e pela empatia.

Para aqueles que estão começando, o mindfulness oferece uma entrada prática e acessível. Basta se concentrar na respiração, observando-a sem alterar seu ritmo natural. Esse simples ato de atenção pode ser feito em qualquer lugar e é especialmente útil para aliviar o estresse e os momentos de ansiedade. Além disso, a prática da meditação aumenta a percepção, tornando-nos mais atentos aos sinais do nosso corpo e da nossa mente, mais conscientes das emoções e dos pensamentos que tentam nos dominar.

No campo da espiritualidade, a meditação revela-se ainda mais profunda. Quando se aquieta a mente e se atenta para o que surge, abre-se espaço para algo maior, uma ligação com a Fonte, como muitos chamam. É nesse silêncio que, muitas vezes, intuições e insights ocorrem, revelando caminhos e respostas que antes passavam despercebidos na correria. A prática diária nos ensina a confiar nesse fluxo, a ouvir a voz interior e a reconhecer o propósito que temos.

A prática de mindfulness e da meditação, por mais simples que pareça, é uma das ferramentas mais poderosas para transformar a realidade, os sonhos e as metas. É um convite para voltarmos ao essencial, fortalecendo a conexão entre corpo, mente e espírito e nos revelando o potencial que há em cada um de nós.

A prática da meditação é um dos caminhos mais poderosos que podemos trilhar na busca por uma elevação da consciência. Ao mergulharmos nessa prática, encontramos não somente um espaço de serenidade, mas também uma forma de nos conectar verdadeiramente com o nosso ser interior. A meditação é como um farol que nos guia, permitindo que as vozes do mundo se aquietem e nos levando a um estado de presença plena.

Quando falamos sobre como a meditação pode transformar nossas vidas, é essencial explorar os diferentes métodos que podem ser utilizados. Por exemplo, a meditação guiada pode ser um excelente ponto de partida. Muitas vezes, encontrar um guia, alguém que tenha traçado esse caminho, é como ter um mapa em mãos, onde cada palavra dita nos ajuda a navegar pelas águas da nossa mente. Imagine-se de olhos fechados, respirando profundamente, enquanto uma voz suave e encorajadora lhe orienta a liberar tensões, relaxar cada parte do seu corpo e permitir que a luz do seu interior se expanda. Essa prática não só acalma, mas permite que você penetre nas profundezas de sua consciência, acessando sentimentos de paz e clareza.

Ademais, conexões energéticas se intensificam quando alinhamos corpo e mente. Assim, é fundamental não ignorar a importância da consciência corporal. Práticas como o *tai chi* ou o *chi kung* proporcionam um imenso benefício, já que unem movimento, respiração e meditação em um só fluxo. Imagine a sensação de estar em um espaço ao ar livre, sentindo a energia da terra sob seus pés, enquanto seu corpo se move graciosamente, refletindo a harmonia do universo. A cada movimento, você se torna um canal de energia, recebendo e doando, equilibrando sua própria frequência vibracional.

Para aqueles que estão em busca de autoconhecimento, exercícios de respiração podem ser incríveis aliados. Ao focar na respiração, podemos redirecionar a mente e ancorar nossa consciência no momento presente. Experimente: encontre um local tranquilo, sente-se confortavelmente e comece a inspirar profunda e lentamente, sentindo o ar preenchendo cada célula do seu corpo. Em seguida, exale todas as tensões e preocupações, visualizando esses elementos se dissipando no ar. Essa prática, embora simples, proporciona um alívio significativo e um aumento na clareza mental.

Neste contexto de autodescobrimento, também é vital refletir sobre as experiências meditativas que impactaram sua vida. Pode ser que, em uma meditação profunda, você tenha vivenciado insights que mudaram sua perspectiva ou até mesmo liberado emoções que o estavam mantendo preso a padrões antigos. Registrar essas experiências em um diário pode ser extremamente útil, pois assim você cria um espaço sagrado para revisitá-las e até mesmo para se autoconhecer melhor.

No final das contas, a jornada da meditação é única para cada um de nós. Encontrar a prática que mais ressoe com seu ser é fundamental. O caminho é longo e cheio de descobertas, e a beleza desse processo está em se permitir viver cada momento de maneira consciente. Ao mergulharmos nesse mundo interno, estamos, na verdade, nos conectando com o esplendor do universo, onde cada respiração se torna uma celebração da vida.

Benefícios da Meditação para Equilíbrio e Saúde

1. Redução do estresse e ansiedade: a meditação acalma o sistema nervoso e ajuda a reduzir os níveis de cortisol, o hormônio do estresse. Ao focar na respiração ou em um ponto específico de atenção, deixamos de alimentar pensamentos acelerados e promovemos uma sensação de relaxamento.

2. Equilíbrio emocional: ao praticarmos a meditação, aprendemos a observar nossas emoções sem sermos arrastados por elas. Isso nos permite responder aos desafios com mais calma e menos reatividade, aumentando o bem-estar emocional e melhorando nossos relacionamentos.

3. Foco e clareza mental: a meditação regular fortalece nossa capacidade de concentração e nos ajuda a organizar melhor os pensamentos. Isso nos torna mais focados nas atividades diárias e mais atentos aos detalhes.

4. Saúde física: estudos mostram que a meditação regular pode melhorar o sistema imunológico, reduzir a pressão arterial e até ajudar no gerenciamento de dores crônicas. Ela incentiva o relaxamento, que, por sua vez, favorece a saúde do corpo.

Meditação e Elevação da Consciência

A prática da meditação permite que nos desliguemos das preocupações do dia a dia e entremos em contato com um espaço interno mais calmo, onde nossa consciência se expande. Nesse estado de expansão, podemos perceber nossos padrões mentais e comportamentos repetitivos. Com o tempo, isso nos ajuda a abandonar os pensamentos e crenças limitantes e a cultivar uma visão mais aberta e compassiva sobre nós mesmos e sobre o mundo.

Meditação e Intencionalidade

Na meditação, a intencionalidade é fundamental. Ter uma intenção clara – seja de paz, de cura ou de gratidão – ajuda a direcionar nossa energia mental e emocional para esses objetivos. Essa prática de foco intencional reforça nossas metas, tornando-as mais reais e presentes em nossa vida.

Prática Simples de Meditação para Elevar a Consciência e Intencionalidade

1. Escolha um lugar tranquilo: sente-se confortavelmente em um ambiente silencioso, onde possa permanecer sem interrupções.

2. Respire profundamente: comece focando na respiração, inspirando e expirando lentamente. Essa prática ajuda a acalmar a mente e a prepará-la para um estado de foco.

3. Estabeleça uma intenção: defina uma intenção para a prática, como paz, amor ou clareza. Imagine que essa intenção se expande dentro de você, preenchendo seu corpo e sua mente.

4. Visualize e sinta: traga imagens e sensações relacionadas à intenção, deixando que elas se tornem mais reais. Por exemplo, se sua intenção for paz, visualize um lugar calmo e sinta a paz tomar conta de você.

5. Permaneça em silêncio: deixe a intenção vibrar, sem julgamentos ou preocupações. Observe quaisquer pensamentos, mas retorne à intenção, se for desviado.

Essa prática simples, quando realizada regularmente, pode transformar a forma como nos sentimos e percebemos a realidade. Com o tempo, a meditação nos leva a uma vida com mais equilíbrio, propósito e paz interior.

Além disso, a prática da meditação também pode ser enriquecida por métodos como o tai chi, que são formas de movimentar o corpo enquanto alimentamos a mente. Ser gentil consigo mesmo nesse processo é crucial. Você não precisa atingir a perfeição; o verdadeiro valor está em cada pequeno passo que você dá.

Cada intenção que colocamos no universo é como uma semente plantada em solo fértil. O que você deseja cultivar em sua vida? A clareza nas suas intenções cria um alinhamento poderoso entre seus desejos e seus atos. Escolha sua intenção, escreva-a e medite sobre ela. Ao articular seus desejos, você os torna palpáveis, permitindo que o universo comece a trabalhar a seu favor.

Metafísica – A Ciência do Invisível

Intencionalidade é, em essência, o foco consciente que colocamos em nossas ações, desejos e pensamentos, definindo o caminho e o significado do que buscamos. Se pensarmos bem, sem uma intenção clara, nossas metas e sonhos tornam-se difusos e perdem força, caindo no terreno das ideias sem raiz. A intenção, ao contrário, é o ponto inicial que transforma um desejo passivo em uma energia ativa, orientando-nos em direção ao que queremos realizar.

A prática da intencionalidade implica primeiro olhar para dentro e descobrir a verdadeira essência do que buscamos. Pergunte a si mesmo: por que desejo esta mudança? Qual o real significado deste objetivo? Quanto mais profundas e genuínas forem essas respostas, mais poderosa se tornará sua intenção.

A intencionalidade vai muito além de definir metas no início do ano ou de desejar um futuro promissor. Ela é uma frequência de vibração ativa que conecta o desejo à ação. Quando almejamos algo de maneira intencional, criamos uma sinergia entre nosso coração, mente e espírito. É como sintonizar uma estação específica de rádio: as frequências se alinham, e o som se torna claro. Assim ocorre com nossos sonhos. Em vez de serem meros impulsos esporádicos, tornam-se o norte que orienta cada passo, cada pensamento e cada ação.

Se considerarmos a metáfora do arquiteto, ele tem um projeto em mente antes mesmo de colocar a primeira pedra de uma construção. Ele visualiza o resultado final, desenha os detalhes, calcula as medidas e define os materiais. A intenção é o alicerce desse processo; ela dá vida ao projeto, transforma-o de uma visão abstrata para algo concreto. Em nossa própria jornada, a intenção é o plano que define a realidade futura. Ela molda nosso mundo exterior, criando não apenas o que almejamos, mas também a energia que colocamos em cada ação.

Na prática, a intencionalidade pode ser cultivada diariamente, pois não é uma força que age sozinha; ela precisa de constância e cuidado. Imagine que a cada manhã você reserve um momento para reafirmar sua intenção, seja ela grande ou pequena. Ao fazer isso, você intensifica seu propósito e alinha seus pensamentos e atitudes ao longo do dia com o que deseja alcançar. A cada escolha que fazemos – de pensamentos, palavras e ações –, estamos pavimentando o caminho que nos leva à realização.

E mais: a intencionalidade age em conjunto com a disciplina, pois manter-se intencional é um compromisso consigo mesmo, que exige constância. É muito comum que no decorrer dos dias sejamos levados por distrações, por desânimos ou pela velha procrastinação. Mas, com uma intenção firme, conseguimos retornar ao foco, lembrando-nos do propósito e da energia que originaram aquele desejo.

Quando alinhamos a intenção com as nossas ações diárias, criamos um campo de atração vibracional. Esse campo magnético, por assim dizer, não apenas atrai oportunidades e recursos, mas também filtra aquilo que não contribui para nossa jornada. É uma força que molda as circunstâncias ao nosso redor, promovendo coincidências, encontros e aprendizados. Em outras palavras, quando agimos com intenção, criamos o contexto ideal para que nossos sonhos não só se realizem, mas se manifestem em sua plenitude.

O verdadeiro poder da intencionalidade está em sua simplicidade. O que queremos e desejamos pode ser complexo, mas a intenção é clara e direta. Quando finalmente compreendemos que não somos prisioneiros de circunstâncias externas, mas agentes ativos em nossa própria vida, somos capazes de transformar sonhos em realidade, metas em conquistas e, o mais importante, cumprir nossa missão.

Assim, intencionalidade é o ponto de partida e também o impulso contínuo para a construção de uma vida alinhada com o que somos de verdade. Ela se torna a ponte entre o desejo e a concretização, entre a visão e a ação, entre o ser e o realizar. E ao vivermos intencionalmente, nos tornamos os arquitetos conscientes do nosso destino, avançando não apenas em direção aos nossos objetivos, mas também em direção à nossa essência.

Finalmente, nunca subestime o poder da comunidade. As energias circulam e se multiplicam quando compartilhamos nossos planos e intenções com aqueles que amamos e respeitamos. A troca de experiências cria um ambiente fértil para o crescimento. Assim como um semeador cuida de suas plantas, precisamos cuidar das interações que temos com as pessoas ao nosso redor, criando uma rede de apoio que nos sustenta em nossa jornada.

Todo esse processo é um convite à transformação contínua. Que tal invocar um espaço de gratidão em sua vida? Reconheça os pequenos e grandes momentos em que a vida se revela generosa. Ao fazer isso, ensinamos nosso cérebro a focar na positividade, criando um ambiente interno propício para crescermos em harmonia.

Então, como você pode incorporar esses conceitos em sua vida diária? A resposta se inicia em um questionamento: como suas ações e intenções podem soar como uma sinfonia de transformação? Ao elevar sua consciência e conectar-se com o seu ser interior, você não apenas transforma a si mesmo, mas contribui para o bem comum que harmoniza a vida em todas suas nuances ao descobrir a beleza que emerge quando a consciência eleva o ser.

Capítulo 12
Manifestando Intenções para Criar Realidades Vibrantes

Conhecendo o Poder das Intenções

As intenções são muito mais do que meras aspirações ou desejos; elas são os fundamentos sobre os quais construímos nossa realidade. Na jornada de autodescoberta e transformação pessoal, as intenções atuam como forças criativas que moldam cada passo que damos. Imagine sua mente como um vaso vazio, esperando ser preenchido: cada intenção que você define injeta nele uma gota de vida, vibrando com seu verdadeiro eu.

Para que possamos manifestar nossas intenções de maneira eficaz, é crucial que aprendamos a definir intenções claras e específicas. O que você realmente deseja? Tente ser o mais detalhado possível. Escreva suas intenções em um lugar visível e reserve um tempo diariamente para revisá-las. Ao fazê-lo, você não apenas lança fundamentos para o que deseja criar, mas também se alinha energeticamente a esses objetivos.

Um exercício eficaz consiste em fazer uma lista das suas intenções, designando prazos e também marcando ações concretas que você pode empreender para alcançá-las. Intenções bem definidas servem como guias, iluminando seu caminho e ajudando a manter o foco no que realmente importa. Dessa forma, as mudanças que você busca não serão apenas sonhos distantes; elas se tornarão realidades palpáveis.

A relação entre as intenções pessoais e as energias do universo é fascinante. Quando alinhamos nossas intenções com a vibração do que desejamos, estabelecemos um canal que permite que as energias universais respondam. Pense nisso como uma conversa: quanto mais clara for a sua mensagem, maior a chance de uma resposta positiva. Portanto, quando você comunica suas intenções ao universo, deve fazê-lo com confiança e clareza.

Mas como aceitar que algumas vezes não conseguimos manifestar exatamente aquilo que desejamos? Este é um aspecto crítico da jornada: a flexibilidade e a adaptação. Às vezes, o universo tem planos diferentes para nós, e entender isso é crucial para o nosso crescimento. Permita-se também ser guiado por oportunidades que podem não ser exatamente o que você tinha em mente, mas que podem levar a resultados extraordinários.

Lembre-se: mesmo as intenções mais poderosas podem ser sufocadas por crenças limitantes e medos. Então, durante esta jornada, é fundamental que você identifique essas barreiras emocionais. Se em algum momento se sentir preso, lembre-se de que é normal e parte do processo. Enfrente suas limitações de frente, reescreva as narrativas que não servem mais e abra espaço para intenções e escolhas que realmente ressoem com seu ser.

Desse modo, ao começar a manifestar suas intenções, você não apenas transforma sua realidade, mas também se torna um agente ativo da sua própria história. Com cada intenção alinhada e praticada diariamente, uma nova vida emerge – uma vida vibrante, cheia de significado e possibilidades.

Vamos juntos nos aprofundar nas práticas que ajudarão a solidificar essas intenções, criando um ciclo de realização que flui do seu interior.

Pensamento + Emoção

Ao nos aventurarmos pelos conceitos da física quântica e sua ligação com a metafísica, encontramos um ponto-chave que parece estar no cerne do que hoje chamamos de cocriação da realidade: o *colapso da função de onda*. Essa ideia, desafiadora para a mente lógica, propõe que, ao observarmos um fenômeno ou focarmos nossa atenção em uma possibilidade específica, influenciamos diretamente a forma como ele se manifesta no mundo físico. Em termos simples, a realidade, ao ser observada com clareza de intenção e emoção, começa a se alinhar com aquilo em que acreditamos e sentimos.

A Intenção: Escolhendo Conscientemente a Realidade

Como introduzimos antes, a intencionalidade é o ato de direcionar nossa energia e foco para um objetivo ou realidade desejada. Quando realmente desejamos algo, nossa mente, pensamento e coração se alinham, emitindo uma "frequência" que se espalha e busca ressonância no mundo ao nosso redor. Quando carregamos essa intenção de forma clara e consciente, não deixamos espaço para dúvidas ou pensamentos dispersos, mas nos comprometemos internamente com o que queremos ver manifestado. É como plantar uma semente com o máximo de cuidado e paciência, sabendo que ela crescerá se for cultivada com atenção.

Para que essa intenção realmente tome forma, no entanto, é fundamental que o pensamento, a emoção e o desejo estejam unidos. Pensar sozinho, de maneira abstrata, é insuficiente. Pensamentos esparsos são como ondas no oceano sem destino. Já a intencionalidade, quando fortalecida pelo sentir, cria o que podemos chamar de "campo energético específico", que sustenta a visão com força suficiente para que ela se manifeste.

O Colapso da Função de Onda: Transformando Potencial em Realidade

Na física quântica, a função de onda descreve a probabilidade de diferentes realidades potenciais existirem simultaneamente. É o observador, ao focar em uma dessas possibilidades, quem colapsa a função de onda, trazendo uma delas para o mundo visível, o "real". Quando aplicamos essa visão à nossa vida cotidiana, compreendemos que nossa realidade é muito mais maleável do que imaginamos. Não somos meros espectadores; somos cocriadores.

Se, por exemplo, queremos manifestar uma vida mais próspera, devemos trazer esse desejo para o centro de nossa consciência e alimentá-lo com intenção e sentimentos de abundância. Essa combinação de pensamento, intenção e emoção trabalha como uma lente que concentra o potencial da realidade, moldando-o e aproximando-o da experiência concreta. Quando se pensa e se sente profundamente algo que ainda não se manifestou, age-se como um ímã que atrai as experiências necessárias para que essa possibilidade se torne real. Mas não basta desejar; é preciso sentir como se aquilo já estivesse presente.

A Emoção: Sentir Como Se Já Estivesse Lá

Uma intenção sem emoção é como uma lâmpada desconectada de sua fonte de energia. O sentimento, ou a emoção, é o combustível que torna o desejo vívido e magnético. Quando sentimos a alegria, a gratidão e a realização de um desejo realizado antes mesmo que ele se manifeste, atraímos o que desejamos com muito mais intensidade. Isso porque o subconsciente não distingue entre o real e o imaginado com profundidade: para ele, aquilo que sentimos como verdadeiro é, de fato, verdadeiro.

Imagine que o que você deseja – seja saúde, amor, prosperidade ou paz – já é seu. Feche os olhos e permita-se sentir as emoções de ter essa realidade presente agora. Envolva-se com gratidão, como se você estivesse vivenciando aquilo neste exato momento. E ao fazer isso, você cria uma ressonância vibracional que começa a atrair as experiências, pessoas e oportunidades necessárias para que essa realidade ganhe vida. É aqui que a ciência quântica e o místico se encontram: o poder do sentir gera ondas que reverberam no universo e retornam em forma de realidade.

A Gratidão: A Força Atraente que Muda Tudo

A gratidão é o ato de agradecer de antemão pelo que se deseja, criando um espaço de confiança e contentamento. É como se disséssemos ao universo que acreditamos que nossos desejos são possíveis e dignos de serem realizados. Quando expressamos gratidão pelo que ainda não vemos, reforçamos a certeza de que a prosperidade, o amor e a saúde são estados naturais que já nos pertencem.

Praticar a gratidão, portanto, é dar os passos finais na materialização daquilo que se quer manifestar. Ela fortalece a intencionalidade e a emoção, reforçando a confiança de que o que desejamos já está a caminho. Com ela, mudamos nosso campo energético e nossa percepção de realidade, deixando de olhar para o que falta e passando a ver as infinitas possibilidades à nossa disposição. Em vez de questionar "quando" ou "como", passamos a simplesmente sentir que o melhor já está se desenrolando, momento a momento, ao nosso redor.

Assim, viver em estado de gratidão é viver como um verdadeiro criador, com a certeza de que todas as possibilidades estão abertas, aguardando apenas o colapso da função de onda que,

Metafísica – A Ciência do Invisível

com nossa intenção e emoção, criamos e realizamos. Esse estado de gratidão genuína não só magnetiza a prosperidade, mas também transforma profundamente nossa visão de nós mesmos e da nossa capacidade de realizar uma vida plena. É uma jornada de transformação que, a cada passo, nos aproxima do verdadeiro propósito de nossa existência: ser cocriadores conscientes da realidade que desejamos ver.

Para que possamos abraçar o poder das intenções, é inevitável reconhecer a importância do autoconhecimento. Ao iniciar a prática de um diário de intenções, ofereço ao leitor uma ferramenta poderosa. Neste espaço, você pode anotar suas intenções, revisá-las regularmente e observar a evolução de seus sentimentos em relação a cada meta. Visualizar suas intenções traz à tona a força que elas têm. Você pode começar escrevendo: "Hoje, intenções claras e poderosas se revelam em minha mente e coração".

A visualização criativa, por sua vez, é uma técnica que permite transformar intenções abstratas em realidades tangíveis. Reserve um momento quieto em sua rotina, respire profundamente e feche os olhos, visualizando o que deseja criar em sua vida. Visualize não apenas o resultado, mas toda a jornada – sinta as emoções, veja os detalhes, chegue a experimentar a alegria que vem com a realização do seu propósito. Quanto mais vívida for sua visualização, mais poderosa ela se tornará.

Porém, mesmo decidindo se lançar no mundo da manifestação, podemos encontrar obstáculos e limitações. Muitas vezes, são as crenças limitantes que nos seguram, criando um bloqueio na manifestação de nossas intenções. Aqui, a autoavaliação se torna uma prática essencial. Olhe para dentro, reconheça quais narrativas você tem repetido na sua mente – aquelas que o desencorajam ou fazem você sentir que não merece o que deseja. Um exercício simples pode ser anotar essas crenças em uma folha de papel e depois escrever ao lado novas crenças que o empoderem e que sejam verdadeiras para você. Por exemplo, se você acredita que "não é dinheiro suficiente", desafie essa ideia com "abundância está no meu caminho, dinheiro é apenas resultado".

As emoções, por fim, desempenham um papel duplo em nossa jornada de manifestação. Elas podem tanto nos impulsionar para frente quanto servir como barreiras. Para alinhar suas emoções, é crucial cultivar a inteligência emocional, permitindo-se sentir e processar o que surge, sem ficar preso em padrões destrutivos. Práticas como a respiração consciente ou meditações guiadas sobre liberação emocional podem ajudar a fortalecer sua ligação com suas emoções e, assim, criar um ambiente interno saudável e propício para o crescimento.

À medida que você embarca nessas práticas e enfrenta os desafios de uma mente e coração abertos, lembre-se: cada pequeno passo conta. Cada intenção que você manifesta é um passo em direção a uma realidade mais vibrante e conectada com seu verdadeiro ser. Nós, como seres humanos, temos o poder de moldar as nossas histórias, conectando-nos e criando energias que impactam não só a nossa vida, mas também a vida das pessoas ao nosso redor. Com coragem e determinação, você pode transformar sua vida e manifestar as realidades que deseja.

Agora, preparando-se para dar o próximo passo, reflita sobre como cada intenção pode não apenas mudar a sua trajetória, mas também iluminar o caminho de outros. Crie, conecte-se, manifeste e transforme. A jornada de cocriação com o universo está em suas mãos.

No processo de manifestação de intenções, um dos aspectos mais cruciais a ser considerado são as crenças limitantes que frequentemente se entrelaçam com nossos desejos mais profundos. Ao longo da vida, cada um de nós acumula percepções e crenças que muitas vezes atuam como barreiras invisíveis ao nosso progresso. Essas crenças, por mais sutis que possam parecer, podem gerar um duplo impacto em nosso desejo de manifestar: podem impulsionar nosso crescimento ou ancorá-lo em padrões negativos que nos impedem de avançar.

Portanto, a primeira etapa para superar as crenças limitantes é identificar e reconhecer sua presença. Pergunte a si mesmo: quais são as vozes internas que frequentemente ecoam em sua mente quando você se depara com desafios? "Eu não consigo." "Isso não é para mim." "Eu não sou bom o suficiente." Essas autoafirmações muitas vezes se tornam profecias autorrealizáveis. Escrevê-las em um papel pode proporcionar um panorama mais claro do que precisa ser abordado. A partir deste ponto, comece a desafiar cada uma dessas crenças limitantes. Para cada afirmação negativa identificada, crie uma resposta positiva que reverta esse padrão. Por exemplo: ao invés de "Eu não consigo", transforme em "Eu sou capaz de aprender e crescer". Esse exercício transforma a narrativa interna e abre novos campos para a manifestação.

As emoções também têm um papel fundamental na manifestação de intenções. Elas são poderosos motores que podem acelerar ou desacelerar nosso progresso. Nossas emoções não apenas refletem como nos sentimos, mas também informam o universo sobre nossas verdadeiras intenções. Se você deseja criar uma realidade positiva, é imperativo cultivar emoções correspondentes. Praticar a gratidão, por exemplo, é uma das formas mais eficazes de elevar nosso estado emocional. Reserve um momento diariamente para refletir sobre o que você é grato. Esse simples mas significativo ato traz à tona boas emoções que podem reverberar positivamente em suas intenções.

Além disso, é essencial abandonar hábitos que não mais servem à sua jornada. Muitas vezes, estamos tão entrelaçados em padrões estabelecidos que nos esquecemos de questionar sua utilidade. Pergunte-se: existem comportamentos que me sabotam? Hábitos como procrastinação, comparações com os outros ou o consumo excessivo de conteúdos que drenam sua energia devem ser identificados e transformados. Uma técnica eficaz é substituí-los por ações que alimentam seu propósito e suas intenções.

Por exemplo, se a procrastinação é um obstáculo, reserve pequenos blocos de tempo para se concentrar totalmente na sua meta. Use técnicas de gerenciamento de tempo, como o método Pomodoro – trabalhe por 45 minutos e depois faça uma pausa de 10 minutos. Isso ajuda a manter-se comprometido e produtivo, permitindo que você avance nas suas intenções de forma constante.

A observação consciente da sua progressão é um elemento vital nesse processo. Avaliar o que funciona e o que não funciona para você é uma disciplina essencial. Faça checks regulares, talvez a cada duas semanas, e revise seu diário de intenções. Olhe para as metas que você traçou, avalie os pensamentos e comportamentos que surgiram e ajuste conforme necessário. Essa prática traz clareza e direciona suas próximas ações em um fluxo alinhado às suas intenções, fazendo com que cada passo dado seja uma construção sólida sobre o que você realmente quer manifestar.

Por fim, é imperativo cultivar um ambiente energético favorável à sua jornada. Ao nos cercarmos de pessoas que apoiam nossas intenções e vibram na mesma frequência que nós, podemos criar uma sinergia poderosa. A energia grupal tem um impacto significativo na nossa capacidade de alcançar o que desejamos. Quando unimos forças a pessoas inspiradoras e motivadas, a jornada de manifestação se torna mais leve e repleta de possibilidades.

Sugiro que anote suas reflexões e a estrutura do que precisa mudar em sua vida e no seu ambiente para manifestar suas intenções de maneira eficaz. Crie um espaço que reverbere com suas aspirações e permita-se brilhar de acordo com o que você realmente deseja. A vida é um conjunto lindo de possibilidades esperando para serem descobertas e concretizadas.

Criando realidades sustentáveis e conectadas

O processo de manifestação de intenções vai além do individual; ele reflete um profundo entrelaçamento com o coletivo. Quando falamos sobre a criação de realidades sustentáveis e conectadas, não estamos apenas nos referindo às intenções pessoais, mas também à coletividade que abraçamos em nossa jornada. O ato de manifestar se torna muito mais poderoso quando se faz em comunidade, pois as energias são multiplicadas e as intenções ganham uma força renovada.

Avalie o seu progresso regularmente. Crie um espaço de reflexão em que possa analisar suas intenções e ajustar o direcionamento, se necessário. Isso não significa apenas reavaliar os resultados alcançados, mas, inclusive, as lições aprendidas ao longo do caminho. Pergunte a si mesmo o que tem funcionado e o que precisa ser ajustado. A autoavaliação é um poderoso catalisador de crescimento, pois permite que você cristalize seus pontos de aprendizado que, de outra forma, poderiam ser esquecidos.

Cultivar a consciência coletiva se torna vital nesse processo. Participar de grupos de meditação, círculos de intenções ou comunidades que compartilhem valores semelhantes fortalece a energia de manifestação. Experimente convidar amigos ou familiares para criar um espaço de partilha de intenções. Cada pessoa que se junta a você nesse propósito se torna uma catalisadora dessa energia, ajudando a criar uma rede forte e impenetrável de apoio mútuo.

Por meio dessa coletividade, você pode ainda explorar a meditação em grupo. Essa prática poderosa não só amplifica suas intenções pessoais, como também cria uma sinergia espiritual que pode transformar a percepção coletiva. Imagine um grupo de almas unidas, cada uma projetando suas intenções ao universo; a conexão que se forma entre vocês se transforma em um espaço de suporte e amor, elevando cada um dos participantes.

Agora, ao imaginar o futuro, mantenha um olhar de esperança. O que você deseja cultivar em sua vida em um ano, cinco anos ou mesmo dez? Como suas intenções manifestadas podem impactar seu futuro e o futuro da comunidade de que você participa? Visualizações a longo prazo são ferramentas valiosas que permitem ao seu ser moldar realidades com clareza. Separe um tempo para projetar um plano de ação, no qual você pode mapear não apenas seus desejos, mas também as ações concretas necessárias para torná-los realidade.

Encoraje-se a acompanhar o progresso ao longo do tempo. Compreenda que cada pequeno passo conta – cada intenção explicitamente manifestada, cada nova conexão feita, cada lição aprendida representa um passo em uma jornada contínua. Lembre-se de que a manifestação é uma habilidade que vai se aperfeiçoando com o tempo. Não há pressa; o crescimento ocorre a cada respiração, em cada nova experiência que se apresenta.

Seja grato por cada oportunidade, cada pequeno avanço na direção do que você verdadeiramente deseja. Pratique a gratidão diariamente, reconhecendo pequenos e grandes momentos em que a vida se descortina generosamente. Essa prática nos ajuda a alinhar nossas energias com as vibrações do universo e cria um ambiente interno rico, preparado para a expansão e a prosperidade.

Revitalize-se com a certeza de que você não está sozinho nesta jornada. As conexões que estabelecemos oferecem suporte e ampliam nossas capacidades de manifestação. Cultivar intencionalmente um círculo de pessoas que vibram na mesma frequência não só alimenta nosso espírito, como também crava a base para realidades vibrantes e transformadoras.

Manifestação e a Técnica dos 68 Segundos

A técnica de meditação de 68 segundos, inspirada na ideia do colapso da função de onda, é uma prática que foca no poder da atenção direcionada e das emoções positivas para manifestar desejos. Essa técnica deriva da compreensão de que a nossa intenção, quando mantida com foco e emoção, pode influenciar a realidade quântica. A prática baseia-se na ideia de que, quando nos concentramos em um desejo específico por ao menos 68 segundos, com foco e sentimento intensos, ativamos uma energia criativa poderosa que pode ajudar a "colapsar" possibilidades de maneira a trazer aquilo que desejamos para uma manifestação mais concreta.

Origem e Princípios da Técnica dos 68 Segundos

A técnica dos 68 segundos é amplamente associada aos ensinamentos de Abraham-Hicks, que abordam como o poder da manifestação pode ser ativado através da combinação de intenção, emoção e foco. A ideia central é que, ao sustentar um pensamento com intenção e sentimento por 68 segundos, criamos uma "chama" de energia concentrada. Durante esse tempo, estamos imersos em um estado vibracional positivo, e esse estado nos permite alinhar-nos com a frequência do desejo, ativando o colapso da função de onda – termo da física quântica que descreve a mudança de um estado de possibilidade para um estado concreto.

Passo a Passo da Técnica de Meditação de 68 Segundos

A técnica é relativamente simples, mas requer um estado de concentração elevado e disposição para sentir o desejo como se ele já estivesse realizado. Aqui está um passo a passo:

1. Escolha seu desejo com clareza

• Antes de começar, identifique o que deseja manifestar. Seja claro e específico sobre o objetivo ou desejo. Quanto mais detalhado, mais fácil será para visualizar e, assim, intensificar as emoções.

2. Encontre um espaço tranquilo

• Sente-se confortavelmente em um local onde você não será interrompido. Pode ser útil criar uma atmosfera relaxante, talvez com música suave, luzes baixas, ou até velas.

3. Respire profundamente e acalme-se

• Respire profundamente várias vezes para relaxar e esvaziar a mente de distrações. Isso ajuda a prepará-lo para focar no desejo sem que outros pensamentos interfiram.

4. Inicie o foco no desejo

• Feche os olhos e comece a visualizar seu desejo como se ele já estivesse realizado. Imagine-se dentro desse cenário, vivenciando-o plenamente. Por exemplo, se o desejo é uma nova oportunidade profissional, visualize-se no novo ambiente, interagindo com pessoas, sentindo-se realizado e pleno.

5. Sustente a emoção e a visualização por 68 Segundos

• Permaneça focado exclusivamente na visualização e, mais importante, nas emoções associadas. Sinta a alegria, gratidão, satisfação e qualquer outra emoção que essa realização lhe traria. Concentre-se nesses sentimentos sem deixar a mente se dispersar.

• Para garantir que você sustente o foco por 68 segundos, pode ser útil usar um cronômetro, mas tente evitar o máximo de interrupções.

6. Intensifique a emoção

• Durante os 68 segundos, conforme sua visualização se desenrola, tente intensificar a emoção ao máximo. Sinta cada detalhe, como cores, cheiros, texturas, e todas as sensações associadas ao desejo.

• A intensidade da emoção é o que ajuda a amplificar a "vibração" da intenção, tornando o foco poderoso o suficiente para "colapsar a função de onda" e, assim, transformar o desejo em realidade.

7. Finalização com gratidão

• Ao término dos 68 segundos, finalize com um sentimento de gratidão como se já tivesse recebido aquilo que deseja. Esse sentimento é essencial para ancorar a experiência, fazendo com que sua mente inconsciente sinta que o desejo já foi realizado.

A Relação com o Colapso da Função de Onda

A ideia de "colapsar a função de onda" vem da física quântica e refere-se à forma como uma partícula quântica existe em uma superposição de estados – ou possibilidades – até que seja observada. Quando um observador interage com essa partícula, a onda de possibilidades "colapsa" em um único estado, ou realidade concreta. A prática de concentrar-se em uma intenção por 68 segundos, sustentando emoção e foco, segue essa lógica: nossa atenção intencional pode influenciar a realidade ao "colapsar" a possibilidade desejada, escolhendo-a como a nova realidade.

Como a Gratidão Potencializa a Técnica

A gratidão finaliza a prática reforçando a certeza de que o desejo já foi realizado. Estudos mostram que a gratidão altera a neuroquímica cerebral, criando uma vibração elevada que reforça estados emocionais positivos e receptivos. Esse estado de recepção e satisfação emocional é uma "assinatura energética" poderosa, que envia um sinal vibracional coerente ao universo, ajudando a atrair a manifestação desejada.

Exemplos Práticos

• Manifestação de oportunidades profissionais: a técnica pode ser usada para visualizar uma oportunidade de trabalho ideal. Durante os 68 segundos, visualize-se nesse trabalho, sentindo a emoção de realizar suas tarefas com paixão e alegria, interagindo com pessoas que apreciam seu trabalho e recebendo feedback positivo.

• Atração de uma conexão profunda: para atrair um relacionamento, a prática pode incluir visualizar interações diárias, sentindo-se amado e compreendido. Os detalhes e a emoção são o que reforçam a experiência como se ela já estivesse acontecendo.

Dicas Finais para Aperfeiçoar a Técnica

• Pratique consistência: a prática regular aumenta o poder do foco e da visualização, ajudando a construir o sentimento de confiança.

• Foque em sentimentos autênticos: emoções intensas e reais aumentam a frequência vibracional e facilitam o colapso da função de onda.

• Combinações com outras práticas: combine com técnicas de mindfulness, como respirações conscientes, para acalmar a mente e potencializar a prática.

A meditação dos 68 segundos é uma técnica poderosa de intencionalidade, combinando pensamento, emoção e consciência para trazer aquilo que desejamos à realidade. Ela ensina que, ao direcionarmos nosso foco e sentimentos para um objetivo claro, somos capazes de influenciar o mundo ao nosso redor, atraindo as situações e experiências que ressoam com nossa intenção mais profunda.

Capítulo 13
Ho'oponopono:
Uma Jornada de Cura e Reconexão

Uma das experiências mais profundas da minha vida foi quando morei na ilha de Maui, no Havaí, e participei de uma imersão que mudou minha vida para sempre. Pude me conectar com líderes de 60 países diferentes. Só pisando em Maui para sentir a vibe; uma energia única e diferente de tudo que senti: *o aloha*.

O Havaí é o berço da antiga tradição dos kahunas, que carregavam um conhecimento ancestral sobre saúde e longevidade incompreendido. Descobri, entre as práticas deles, o poder transformador do Ho'oponopono: uma prática constante de perdão e renovação espiritual, que mergulha fundo na cura e na reconexão com nossa essência.

Ho'oponopono: Uma Jornada de Cura e Reconexão

O Ho'oponopono é uma antiga prática havaiana de cura espiritual e emocional que significa, literalmente, "corrigir" ou "ajustar". Mais do que uma simples técnica, essa prática reflete uma filosofia de vida que vê o perdão como essencial para alcançar a paz interior e harmonia com o universo. Nas tradições dos kahunas, os curadores espirituais do Havaí, o Ho'oponopono é uma ferramenta essencial para se libertar de energias negativas, mágoas e conflitos, limpando o caminho para a renovação espiritual e emocional.

O Havaí é rico em histórias que reforçam o impacto do Ho'oponopono, sendo visto como uma prática que não apenas favorece a longevidade, mas também restaura as relações interpessoais. Afinal, a palavra "pono" significa "correto" ou "justo," e o Ho'oponopono é, em sua essência, um retorno ao estado de equilíbrio com a natureza, com o outro e consigo mesmo. Essa prática nos convida a uma limpeza espiritual, na qual é necessário reconhecer nossas próprias sombras, assumindo a responsabilidade pelo que atraímos e criamos em nossa vida.

O conceito de Ho'oponopono ganhou relevância mundial através do trabalho do Dr. Ihaleakala Hew Len, um terapeuta havaiano que adaptou a prática para o autocuidado e a cura emocional profunda.

O Dr. Hew Len utilizou o Ho'oponopono para tratar pacientes na ala psiquiátrica do Hospital Estadual do Havaí. Sem contato direto com os pacientes, ele analisava seus prontuários e, ao refletir sobre os crimes e distúrbios apresentados, perguntava a si mesmo: "O que está acontecendo dentro de mim para que eu experiencie esse problema, e como posso corrigir este problema em mim?"

Em seguida, ele buscava a purificação interior, repetindo as frases: **"Sinto muito, por favor, me perdoe, eu te amo e sou grato."** Acreditava que, ao limpar as memórias e energias negativas dentro de si, influenciava positivamente a realidade externa, incluindo a condição dos pacientes.

Após três anos de prática, a ala psiquiátrica foi fechada devido à recuperação daqueles pacientes, que foram reintegrados à sociedade. Essa experiência demonstrou o impacto potencial do Ho'oponopono na cura e transformação pessoal.

"Sinto muito. Me perdoe. Eu te amo. Sou grato."

A simplicidade dessas palavras esconde uma profundidade avassaladora. Cada frase carrega um poder de reconexão, direcionando o praticante a um estado de harmonia e paz, no qual é possível reconhecer que tudo o que vemos ou experienciamos é parte de nós mesmos. As palavras são um convite para reconhecer a dor, perdoar a si e aos outros, abrir espaço para o amor incondicional e manifestar gratidão pela experiência. Essa abordagem terapêutica única ensina que a verdadeira cura começa dentro de nós mesmos. Dr. Len acreditava que, quando nos purificamos, o ambiente ao nosso redor também reflete essa transformação, ressoando paz e harmonia.

Cada uma dessas frases de cura e limpeza tem um significado profundo, e, juntas, formam um poderoso processo de cura e transformação. Vamos entender o significado de cada uma delas em detalhes:

1. "Sinto muito"

Esta frase representa o primeiro passo para reconhecer que algo precisa ser curado dentro de nós. "Sinto muito" é uma expressão de reconhecimento e responsabilidade. Em vez de procurar culpar fatores externos, olhamos para dentro e reconhecemos que, em algum nível, contribuímos para as experiências que atraímos, mesmo que inconscientemente.

Significado profundo: é um ato de humildade, que nos permite aceitar nossa parte na criação de nossas experiências, abrindo espaço para a mudança. Ao dizer "Sinto muito", estamos nos abrindo para a cura e reconhecendo nossa vulnerabilidade.

2. "Me perdoe"

Pedir perdão é um ato de libertação. Ao pronunciar "Me perdoe", pedimos que qualquer energia de baixa frequência, conflito ou resistência seja liberada. Estamos nos perdoando por todas as vezes que agimos inconscientemente, deixando para trás as memórias de dor e sofrimento.

Significado profundo: esse pedido é dirigido tanto a nós mesmos quanto ao universo, solicitando uma limpeza das memórias de dor. É uma declaração de autocura e aceitação de que estamos prontos para deixar de lado ressentimentos e culpas que carregamos.

3. "Eu te amo"

"Eu te amo" é o ponto central da prática do Ho'oponopono e representa a força que impulsiona a cura: o amor. Ao pronunciar essa frase, enviamos amor incondicional para nós mesmos, para as pessoas envolvidas e para as memórias que queremos curar. Esse ato de amor cria um vínculo que dissolve padrões negativos e purifica qualquer situação.

Significado profundo: esta é uma maneira de elevar a vibração, promovendo compaixão, aceitação e perdão. O amor transforma e cura, permitindo que energias baixas sejam substituídas por vibrações positivas. "Eu te amo" representa a unificação entre todos os aspectos da experiência, dissolvendo a ilusão de separação.

4. "Sou grato"

A gratidão é a chave final do processo, pois nos permite receber a cura e reconhecer o valor do que foi aprendido. Ao expressar gratidão, reconhecemos que a experiência, por mais desafiadora que tenha sido, teve um propósito em nossa jornada.

Significado profundo: "Sou grato" nos coloca em um estado de receptividade e aceitação, sinalizando ao universo que estamos prontos para novas possibilidades e uma nova energia.

Esse sentimento de gratidão nos ajuda a manter a paz, mesmo em meio às dificuldades, e nos conecta à abundância, pois o que agradecemos se expande.

A Jornada de Cura com Ho'oponopono

O poder do Ho'oponopono está na repetição dessas frases e na disposição de deixá-las ecoar em nosso interior até que se tornem parte de nossa realidade. Ao praticar, criamos uma ligação direta com nosso inconsciente, liberando medos e padrões emocionais armazenados e nos permitindo atrair experiências mais harmoniosas. Cada frase é uma chave que nos aproxima de uma vida de maior leveza, autocompaixão e paz.

O Ho'oponopono é mais do que um processo de cura emocional; ele abre portas para uma nova maneira de viver. Essa prática havaiana nos lembra que, ao limparmos nossas emoções, liberamos os bloqueios que nos impedem de acessar a verdadeira plenitude e paz interior. Reconhecer e aplicar o poder do Ho'oponopono é como abrir um caminho para o perdão verdadeiro, em que a alma encontra o repouso que tanto procura e o espírito se reconecta com a sua fonte original de paz.

Capítulo 14
O Princípio Hermético da Correspondência e o Reino Inabalável

A Lei Hermética que afirma "o que está em cima é o que está embaixo; o que está embaixo é o que está em cima" é um dos princípios centrais dos ensinamentos herméticos. Esse ensinamento, que remonta ao Egito antigo, sugere que há uma correspondência direta entre os diferentes níveis ou planos da realidade. O plano espiritual, o mental e o físico estão interligados, e o que acontece em um desses níveis impacta todos os outros. Em outras palavras, cada nível da realidade é um reflexo de um nível superior ou inferior. Essa lei convida a entender que, na estrutura do universo, a unidade e a harmonia estão presentes e tudo é espelhado em micro e macrocosmos.

Quando pensamos na oração Pai-Nosso, que diz "que venha o Teu Reino e que seja feita a Tua vontade, assim na terra como no céu", podemos ver um paralelo imediato. O "Reino" que a oração menciona refere-se a um plano de realidade espiritual, que muitas vezes é associado ao subconsciente ou ao mundo interno. O pedido para que "seja feita a Tua vontade" expressa a intenção de que a harmonia e a verdade da realidade espiritual possam se manifestar na realidade física.

Essa oração é, então, um convite para que possamos nos alinhar ao propósito e à ordem divina do plano espiritual e trazê-la para o plano físico. É uma invocação para que a ordem e a paz que existem no nível mais elevado possam se refletir em nossa vida concreta, diária, na qual muitas vezes estamos sujeitos a distrações, a conflitos e a incertezas. Assim, a oração Pai-Nosso é uma expressão direta do princípio de correspondência: pedimos para que o que existe "em cima" (no reino espiritual) seja refletido "embaixo" (em nossa realidade física), criando uma unidade entre a nossa consciência e a consciência maior do Universo.

Assim, o entendimento dessa lei hermética em conjunto com a oração revela um caminho de integração entre os planos. Quando vivemos de acordo com essa consciência, buscamos alinhar nosso comportamento, nossos pensamentos e nossas ações com os valores espirituais mais elevados. Agimos como cocriadores, conscientes de que cada pensamento e cada ato que realizamos têm uma ressonância, moldando nossa vida e o mundo ao nosso redor. Esse alinhamento pode gerar harmonia e prosperidade, ajudando-nos a manifestar, em nossa vida material, a paz, o amor e a verdade que ressoam no plano espiritual, integrando e unindo ambos os planos da existência.

Quando estamos conectados, começamos a entender o que significa viver em plenitude, ou o que Jesus ensinava sobre o Reino dos Céus. O que é esse Reino dos Céus, senão uma realidade espiritual inabalável, imutável e eterna?

Ele disse: *"Eu vim para que tenham vida, e a tenham em abundância"*. Essa vida abundante só existe no Reino de Deus. Quando passamos a acessar essa realidade inabalável, entendemos a mensagem do Reino. No Reino não existe escassez, não existe dor, não há confusão.

Por tantas vezes ouvimos e até repetimos a oração: *"Que venha o Teu Reino e que seja feita a Tua vontade, assim na terra como no céu"*, mas a maioria das pessoas não fazem ideia do que estão falando. Quando compreendemos que a terra é o mundo físico e os céus são o mundo espiritual, que é a representação do Reino inabalável de toda a verdade, justiça e bondade, tudo passa a fazer sentido. Nesse reino há saúde plena e prosperidade plena. Quando entendemos isso, tudo muda. Sabemos que viver pelo que vemos com os olhos físicos é ignorância. Para acessar a realidade espiritual é preciso se desconectar das distrações da terra. Dos medos, preocupações e inseguranças. Há muito ruído, muito barulho nos cercando de todos os lados.

Pare agora e respire fundo. Sinta o ar em seus pulmões, agradeça por estar vivo; agradeça por poder acessar algo mais elevado. A verdadeira Paz e o Verdadeiro Amor são inabaláveis e estão disponíveis através do Espírito da Verdade, a Consciência Plena da Fonte Eterna do Universo aqui na Terra. É de graça e está disponível para todos que quiserem e o buscarem sinceramente.

Quando nos conectamos com Ele, A Fonte Criadora, encontramos uma Paz indescritível. Um silêncio interior que se resume em sentir que somos UM com Ele. Ser UM com Ele é viver um chamado, um propósito individual e único; é ouvir essa voz clara e sem ruídos. Há um sentido nisso. O verdadeiro sentido de SER. É como se algo impulsionasse você a fazer o que precisa ser feito através dos seus dons, talentos e habilidades. É como se essa voz gritasse todos os dias em seu interior chamando você a realizar, a fazer diferença.

Jesus chamou isso de *"Eu faço o que eu vejo o meu Pai fazer"*. Ou seja, fazer a vontade do Pai é nada mais, nada menos, do que cumprir o seu chamado natural. É fazer o que você nasceu para fazer.

Pense comigo: como Salomão escreveu os provérbios? Como Beethoven compôs a Quinta Sinfonia? Como Galileu compreendeu o universo? Como Einstein pensou na relatividade e compreendeu o tempo-espaço? Como saímos das trevas para a Luz? Ou quando entraremos plenamente na verdadeira Luz?

Estar conectado nos permite realizar o que nascemos para fazer. Isso é fazer "a vontade do Pai". É ouvir a Sua voz interior e sentir a Sua presença. Essa presença é inconfundível e só ela pode te trazer plenitude e prosperidade.

Não podemos depender de outros para sermos plenos. Não podemos depender de relacionamentos em primeiro lugar. Mas a conexão com a Fonte irá te trazer tudo o que precisa. O Ego é o seu maior inimigo. Você é o único que pode te prejudicar.

Se dominarmos a nossa mente e nos conectarmos com a Fonte, todas as distrações caem como um muro de farelos.

O ponto é que muitos passam anos ou décadas construindo muralhas de ilusão. Verdadeiras barreiras mentais para alcançar a Paz e a verdadeira Luz. E, não bastasse todo os paradigmas que nos impedem de nos conectar com a Fonte, temos todo um cardápio infinito de entretenimentos e distrações tecnológicas viciantes para nos entorpecer.

O primeiro degrau para a mudança é a consciência.

Capítulo 15
O Fascínio da "Magia" – O Antigo Conhecimento Revelado pela Metafísica

Desde os primeiros registros da humanidade, a magia ocupou um lugar misterioso e sagrado no imaginário humano. Era um mistério conhecido apenas por poucos, praticado por aqueles que compreendiam que a realidade é muito mais maleável e fluida do que parece. A magia, diziam, era o poder de moldar o invisível e de, com isso, influenciar o visível. Mas será que a magia não é, na verdade, um nome antigo para aquilo que a metafísica e a física quântica começaram a revelar? A tecnologia do espírito e da consciência aplicada de forma avançada, acessível apenas para aqueles que compreendem que os limites do impossível são, na verdade, artifícios frágeis?

Imaginemos, por um instante, os antigos magos e alquimistas, figuras envoltas em capas sombrias, manipulando forças invisíveis, entoando palavras ancestrais. Seriam eles, por trás de seus rituais enigmáticos, precursores de algo que hoje começa a se desvendar pelas lentes da ciência moderna? As práticas antigas de transmutação de metais, invocações, poções e encantamentos poderiam, em certo sentido, ser compreendidas como o início de uma compreensão profunda sobre a energia, o pensamento e a intenção? A magia antiga talvez não fosse uma simples ilusão, mas um rudimento do que hoje chamamos de metafísica aplicada – a ciência dos elementos invisíveis que, juntos, compõem a realidade.

A Intenção como "Varinha Mágica"

No cerne de toda a magia antiga, havia um conceito que se mantém firme até hoje: a intenção. O poder do pensamento focado era reverenciado como uma ferramenta capaz de gerar transformação em um nível profundo. A varinha mágica, o objeto icônico das lendas e dos contos, representa a intenção direcionada – um foco que guia o desejo e o transforma em realidade. Hoje, na metafísica, sabemos que a intenção é uma frequência poderosa que, como um raio, se alinha com o universo, moldando a realidade ao redor.

Quando um antigo mago elevava a voz em um encantamento ou um indígena sussurrava ao fogo, o que eles faziam era mais do que simples superstição: eles manipulavam a energia presente no espaço-tempo. A intenção era o que dava forma à matéria antes mesmo de ela existir; é o que hoje, na ciência moderna, chamamos de colapso da função de onda, em que a realidade é determinada pela observação e pelo pensamento focado.

O mago, assim, não era um charlatão; ele era, na verdade, um pioneiro que compreendia, intuitivamente, que o que acreditamos como sólido e real é, na verdade, influenciado pelo nosso estado de consciência e pela intensidade da nossa intenção.

A Linguagem das Vibrações e a Magia das Palavras

Os antigos rituais de encantamento, repetidos como mantras, também revelam um entendimento primitivo de como as vibrações e a ressonância influenciam a realidade. Cada palavra, cada sílaba carregavam uma energia específica e, ao serem pronunciadas de forma intencional, criavam um campo de força que se alinhava ao que o mago desejava realizar. Hoje, a ciência das frequências e vibrações explica como certos sons podem alterar o campo energético de um lugar ou até mesmo transformar as emoções.

No Havaí, por exemplo, os antigos kahunas entoavam cânticos para chamar a energia da natureza, compreendendo que as palavras tinham o poder de se unir ao fluxo da vida. Para eles, cada som se tornava uma espécie de "código", uma senha que desbloqueava portas invisíveis. Quando proferimos uma afirmação ou uma oração, estamos também desenhando uma frequência na realidade. O universo, afinal, parece ser mais receptivo à linguagem que fala a sua língua: uma linguagem de vibrações, que nada mais é do que a essência daquilo que um dia se chamou de magia.

Alquimia e Transformação: A Ciência dos Antigos Alquimistas

Outro aspecto fascinante da magia é a alquimia, essa prática que buscava a transmutação dos metais em ouro, mas que escondia um objetivo ainda maior: a transformação do espírito. Os antigos alquimistas, em seus laboratórios secretos, trabalhavam com a compreensão de que o metal pesado, a "base", era apenas uma metáfora para o eu humano, o qual, através do conhecimento e da prática, poderia se tornar puro como o ouro.

A ideia de transmutação, no entanto, vai muito além da química. Na visão metafísica, a alquimia é o processo de transformar as emoções, os pensamentos e os padrões de vida. Cada sentimento de baixa frequência – como o medo, a culpa e a tristeza – é um metal base esperando para ser transmutado em ouro puro, como o amor, a paz e a sabedoria. Assim como os alquimistas mexiam em retortas e caldeirões, experimentando com diferentes substâncias, também nós experimentamos com nossas emoções e crenças, buscando a transformação do nosso próprio "eu bruto" em um ser elevado.

A Gratidão: A Chave Dourada da Magia Contemporânea

Na antiga magia, o último ato de um ritual era a oferenda e a gratidão – a entrega de algo valioso como símbolo de reconhecimento ao universo. Hoje, compreendemos que a gratidão é um estado vibracional elevado, capaz de alinhar o ser humano com o fluxo da prosperidade e do bem-estar. É como se cada ato de gratidão fosse uma declaração ao universo: "Eu reconheço a abundância que já existe e aceito as dádivas que virão."

A prática diária de gratidão transforma as nossas vidas, como uma chave dourada que abre portas invisíveis. Ao focarmos nossa mente no que já possuímos, reforçamos uma energia positiva que, por sua vez, atrai mais do que precisamos. Assim, a magia, na sua forma mais pura, talvez seja apenas um termo para a capacidade humana de cocriar sua realidade. Cada ato de gratidão é um passo na dança sutil com o universo, em que recebemos aquilo que estamos prontos para reconhecer.

No final das contas, o que os antigos magos chamavam de "magia" é, em essência, a mesma compreensão que hoje molda os conceitos de metafísica e física quântica. A ideia de que podemos cocriar com o universo – de que somos seres participativos e não meramente passivos – é o que transforma o impossível em algo possível. Quando nossos pensamentos, emoções e intenções se alinham, eles colapsam a função de onda quântica, manifestando uma realidade que antes existia apenas no campo das possibilidades.

Essa cocriação é a magia moderna, um processo que não precisa de poções ou varinhas, mas de algo muito mais poderoso: a nossa capacidade de acreditar. Em um nível profundo, a intenção firme, o desejo consciente e o amor pelo que se deseja são os elementos que moldam o "caldeirão" das nossas vidas. Quando aprendemos a nos alinhar com essa força, descobrimos que a magia não é algo sobrenatural, mas sim a expressão da nossa conexão com o todo, com o campo unificado que permeia tudo.

Assim, a magia, que muitos viam como ilusão, revela-se como um estado avançado de consciência. Cada pensamento que elevamos, cada emoção que refinamos, cada intenção que dirigimos ao universo são, na verdade, os feitiços que moldam a nossa existência. Talvez, ao final de tudo, possamos olhar para essa ideia e reconhecer que fomos, desde sempre, os magos das nossas próprias vidas, transformando a matéria da realidade com as chaves invisíveis do espírito humano.

Capítulo 16
O Poder Invisível da Linguagem – A Frequência Vibracional das Palavras

Palavras. Elas se escondem em simples combinações de letras, mas possuem um poder que reverbera além do que os olhos podem ver. Há algo sutil e misterioso nas palavras, uma força que as torna verdadeiras mensageiras de intenção, veículos para a criação da realidade e ressonâncias que podem curar, transformar e até manifestar. O universo, feito de vibração e ritmo, parece ter seus próprios sussurros, sua própria língua oculta; e a linguagem humana, em sua profundidade, toca esse mistério e interage com ele, influenciando a matéria, moldando a energia e trazendo ao plano físico aquilo que antes era apenas um desejo ou um sonho.

Desde tempos imemoriais, sábios, profetas e poetas têm apontado para a importância da palavra e do som. Nos textos antigos, vemos que "no princípio era o Verbo" – uma revelação que destaca a criação por meio do som, do nome e da expressão.

Não é à toa que civilizações inteiras se dedicaram ao estudo das línguas sagradas, à força dos mantras e dos cânticos. O hebraico e o sânscrito, por exemplo, são línguas que vibram em harmonia com as frequências fundamentais do universo. Cada som, cada sílaba carregam uma energia específica e entoá-los é como tocar as cordas mais sutis da criação.

A Linguagem como Frequência

Cada palavra que pronunciamos gera uma vibração no ar e carrega consigo uma frequência específica, que atinge quem a ouve e quem a diz. A ciência moderna começa a comprovar o que culturas antigas já sabiam: as palavras têm um efeito profundo sobre a mente, o corpo e o ambiente ao redor. Dr. Masaru Emoto, famoso pesquisador japonês, trouxe ao mundo uma descoberta fascinante sobre o impacto das palavras e das intenções na estrutura da água. Ao submeter amostras de água a palavras positivas, como "amor" e "gratidão," as moléculas formavam cristais harmoniosos e belos; já quando submetidas a palavras negativas, como "ódio" ou "raiva," formavam-se estruturas desorganizadas e caóticas.

Se considerarmos que o corpo humano é composto por mais de 70% de água, o impacto das palavras vai além do imaginável. Cada palavra que pronunciamos e ouvimos interfere na nossa composição celular, ajudando ou prejudicando o nosso bem-estar e equilíbrio. Assim, ao falar ou ouvir, estamos constantemente afetando o próprio corpo e moldando nossa realidade em um nível molecular. E se as palavras são vibrações, então a linguagem se torna a nossa primeira ferramenta de criação consciente.

A Música e o Poder das Frequências

Além das palavras faladas e escritas, há o poder das frequências e das notas musicais. Na Grécia Antiga, a música era considerada uma ciência sagrada e matemática, um código sonoro que ajudava na conexão com o divino. Pitágoras acreditava que cada nota possuía uma frequência específica capaz de harmonizar o espírito e de alinhar o corpo com a geometria do universo. A "música das esferas" pitagórica, segundo ele, era a vibração fundamental de tudo o que existe, e tocar uma melodia ou ouvir uma sinfonia era como afinar a alma com o próprio cosmos.

Hoje, sabemos que determinadas frequências são capazes de alterar o estado mental e emocional de quem as ouve. Frequências como 432 Hz e 528 Hz são conhecidas por promoverem o relaxamento, a cura emocional e até a regeneração celular. A música que vibra nessas frequências age como uma espécie de bálsamo para o ser humano, trazendo-o de volta ao equilíbrio e relembrando-lhe, em algum nível, de sua natureza divina. As frequências se tornam portais, maneiras de acessar estados mais elevados de consciência e conexão com o todo.

As Línguas Sagradas: Hebraico e Sânscrito

Entre as línguas que alcançam frequências elevadas estão o hebraico e o sânscrito, línguas sagradas que carregam mistérios e camadas de significado que vão além da compreensão racional. No hebraico, cada letra tem uma vibração única e uma correspondência com as forças da criação. Esse é o alfabeto da Torá, dos textos cabalísticos e de todas as palavras e frases usadas em cerimônias que buscam a união com o divino. O hebraico carrega, assim, a ressonância de gerações de preces, um idioma em que cada palavra é como um código sutil, uma fórmula que reverbera através do tempo.

O sânscrito e o aramaico possuem uma alta frequência vibracional, que se acredita estar alinhada com energias de paz, cura e conexão espiritual. Essas línguas são vistas como portadoras de frequências elevadas, pois cada letra, sílaba e som são cuidadosamente compostos, muitas vezes baseados em séculos de tradição mística. Essas vibrações se originam da ideia de que as palavras não são meros sons, mas expressões de uma energia universal – uma "linguagem da criação" que afeta diretamente a realidade.

O Pai-Nosso em Aramaico

A oração Pai-Nosso em aramaico é um excelente exemplo de uma prece com elevadíssima frequência vibracional. Quando recitada na língua original de Jesus, o aramaico, ela evoca uma ressonância que vai além do significado literal das palavras. A oração, chamada "Abwoon d'bashmaya" na sua primeira linha, traduz-se livremente como "Ó Fonte da Criação que habita os céus". Esse verso inicial não só representa uma invocação, mas também carrega uma intenção de retorno à unidade com o divino. Em aramaico, a oração flui como um cântico, carregando um ritmo quase hipnótico que facilita estados meditativos e de paz interior.

Na língua original, a oração Pai-Nosso evoca uma ressonância única. Cada palavra é carregada de significados ricos e múltiplos, trazendo à tona interpretações que vão além das traduções convencionais. Abaixo, exploro as linhas dessa oração em aramaico, seguidas de uma análise detalhada de cada termo.

"Abwoon d'bashmaya"

Abwoon é uma palavra composta em aramaico, onde "Ab" significa "Pai" e "Woon" traz o significado de "Fonte" ou "Criação". Juntas, essas sílabas não representam apenas "Pai", mas algo como "Fonte Criadora de todas as coisas" ou "Respiração do Cosmos". É uma expressão que nos conecta ao Divino como uma força geradora que dá vida e sustento ao universo.

"d'bashmaya" se traduz como "nos céus", mas tem um sentido mais amplo. Refere-se a uma realidade além do físico, ao "reino das vibrações superiores". Essa expressão nos leva a perceber o Divino como presente em uma dimensão que transcende o plano material, abrangendo o espiritual.

Verso completo e interpretação: **"Ó Fonte de Toda a Criação, que habita nos reinos superiores de vibração e espiritualidade."**

"Nethqadash shmakh"

Nethqadash é derivado de uma raiz que significa "santificar" ou "consagrar". Mas aqui, em vez de um pedido de santificação, é mais um convite para que o sagrado seja reconhecido em todas as coisas.

Shmakh significa "nome", mas no sentido aramaico, o "nome" de Deus não se refere apenas a uma palavra, mas à própria essência de tudo. Assim, ao dizer "santificado seja o Teu nome", estamos invocando o poder do Divino em todas as criações.

Verso completo e interpretação: **"Que a essência sagrada de Seu ser seja reconhecida e reverenciada em todo o universo."**

"Teytey malkuthakh"

Teytey quer dizer "venha", e **malkuthakh** se traduz como "teu reino" ou "tua soberania". Essa linha é um convite para que a harmonia e a justiça da realidade espiritual se manifestem no mundo físico, permitindo que a ordem do universo (ou o "reino de Deus") seja sentida e vivida aqui na Terra.

Verso completo e interpretação: **"Que Sua soberania e harmonia celestial se façam presentes em nossa realidade."**

"Nehwey tzevyanach aykanah d'bashmaya aph b'arha"

Nehwey significa "seja", e **tzevyanach** é traduzido como "vontade". A frase aykanah d'bashmaya aph b'arha significa "assim como nos céus, também na terra". Aqui, o pedido é para que a ordem divina, a paz e o equilíbrio presentes nos reinos espirituais se estabeleçam também no plano físico.

Verso completo e interpretação: **"Que Tua vontade harmoniosa prevaleça, assim como é nos reinos elevados também seja no mundo terreno."**

"Hawvlan lachma d'sunqanan yaomana"

Hawvlan significa "dai-nos", e **lachma** quer dizer "pão", mas, no contexto aramaico, "pão" refere-se também a "sustento" ou "nourishment" em sentido espiritual. **D'sunqanan yaomana** pode ser traduzido como "de cada dia" ou "do presente momento". Assim, não se pede apenas pelo alimento material, mas pelo sustento espiritual e pela energia divina que nos fortalece diariamente.

Verso completo e interpretação: **"Dá-nos o sustento espiritual necessário para cada dia."**

"Washboqlan khaubayn (wakhtahayn) aykana daph hnan shbwoqan l'khayyabayn"

Washboqlan significa "perdoa-nos", enquanto **khaubayn** e **wakhtahayn** representam "erros" e "dívidas" no sentido moral. O verso **aykana daph hnan shbwoqan l'khayyabayn** quer dizer "assim como nós perdoamos os nossos devedores". Esse pedido de perdão não é apenas uma busca por absolvição, mas um reconhecimento de nossa interconexão com todos e do equilíbrio entre dar e receber.

Verso completo e interpretação: **"Perdoa nossos erros, assim como perdoamos aqueles que erram contra nós."**

"Wela tahlan l'nesyuna"

Wela significa "não", e **tahlan l'nesyuna** é uma expressão que pede para "não ser levado à tentação". Em aramaico, essa frase representa um pedido para evitar as armadilhas e distrações que nos afastam de nosso verdadeiro propósito e da conexão com o Divino.

Verso completo e interpretação: **"Não nos deixes cair nas ilusões e nos afastar do caminho da luz."**

"Ela patzan min bisha"

Ela significa "mas", e **patzan min bisha** quer dizer "livra-nos do mal". No contexto aramaico, "mal" refere-se a tudo que nos mantém desconectados da Fonte. Esse é um pedido por proteção contra as escuridões interior e exterior, que nos afastam de nossa verdadeira essência e missão.

Verso completo e interpretação: **"Protege-nos das forças que obscurecem nossa conexão com o sagrado."**

Essa interpretação do Pai-Nosso em aramaico revela uma oração que transcende o pedido de bênçãos materiais e foca uma conexão profunda com o divino. Cada verso é um chamado para retornar ao estado de unidade e à harmonia com a Fonte.

Essas expressões, quando recitadas em sua forma original, têm o poder de elevar a frequência da pessoa que as pronuncia, criando um ambiente propício para meditação profunda e conexão espiritual.

Mantras Sânscritos e Seus Poderes Vibracionais

O sânscrito é outra língua sagrada com alta vibração e é considerado "a língua dos anjos" na tradição védica. Língua dos mantras e dos textos védicos, é conhecido por sua pureza e precisão vibracional. Cada sílaba é pronunciada em harmonia com o ritmo do universo, e recitar um mantra em sânscrito é como uma meditação que afina a alma com o som primordial, com a energia de criação. Palavras como "Om" e "Namah Shivaya" são recitadas há milênios por aqueles que buscam a paz e a elevação espiritual, e dizem que cada repetição ecoa pelo universo, moldando não apenas o ambiente imediato, mas também o espírito de quem as pronuncia.

Cada palavra é uma construção sonora cuidadosamente calculada para produzir efeitos espirituais específicos. Os mantras em sânscrito, repetidos com intenção e devoção, podem ajudar a transformar o campo energético ao redor e dentro do praticante, promovendo paz, equilíbrio e expansão da consciência.

"Om Mani Padme Om"

Um dos mantras mais famosos do sânscrito é "Om Mani Padme Om", que pertence à tradição budista tibetana e significa, de forma simples, "A joia no lótus". Ele é considerado um mantra de compaixão e misericórdia. Aqui está uma interpretação da vibração de cada palavra:

Om: representa o som primordial do universo, a vibração que simboliza a união de tudo que existe.

Mani: significa "joia" ou "joia preciosa", representando a intenção de buscar e valorizar o divino em todos os seres.

Padme: refere-se ao "lótus", símbolo de pureza e iluminação espiritual, que floresce em ambientes difíceis, simbolizando o crescimento e a resiliência espiritual.

Om (repetido): encerra o mantra e reforça a unidade entre o praticante e o universo.

Repetir "Om Mani Padme Om" cria uma vibração que eleva a energia do praticante, promovendo compaixão e compreensão.

Frequência Vibracional e Saúde Espiritual

A prática dessas línguas e mantras, especialmente quando vocalizados, cria um campo vibracional positivo que pode influenciar diretamente o ambiente e o próprio praticante. O som sagrado ativa centros energéticos no corpo, promovendo equilíbrio e alinhamento. Há uma interação direta entre a pronúncia dessas línguas e o estado emocional e físico de quem pratica. Portanto, o uso dessas línguas em orações e mantras eleva a frequência pessoal e ambiental, facilitando estados de harmonia, saúde e conexão espiritual profunda.

Esses sons e línguas sagradas transcendem o tempo, funcionando como verdadeiras ferramentas de cura e autoconhecimento.

A Gratidão: O Som da Abundância

Um dos sons mais poderosos que podemos emitir é a palavra "gratidão." Ao expressarmos gratidão, geramos uma frequência elevada, alinhando-nos com o fluxo da abundância e criando um ciclo de positividade em nossas vidas. A gratidão, mais do que um sentimento, é uma vibração que se reflete na nossa postura, nas nossas emoções, e que, ao ser expressa, reverbera em todas as áreas da nossa vida.

Ao agradecer com sinceridade, a própria energia do ambiente parece mudar, tornando-se mais leve, mais iluminada. Não é à toa que muitas tradições espirituais encorajam a prática da gratidão como parte das orações e rituais. Ser grato é como sintonizar o espírito para receber as bênçãos que a vida oferece, um ato que atrai prosperidade e paz, refletindo o poder transformador da palavra falada.

A Palavra Como Semente da Realidade

Assim como a semente carrega o potencial de uma árvore inteira, cada palavra que dizemos carrega o potencial de uma realidade inteira. Cada vez que pronunciamos uma intenção, um desejo ou mesmo uma afirmação, estamos lançando uma semente no solo do universo, e cabe a nós cuidar do que plantamos. Palavras de ódio, raiva ou medo criam ambientes tóxicos, enquanto palavras de amor, bondade e confiança se tornam bases sólidas de harmonia e paz.

O antigo poder da palavra, seja em orações, cânticos ou mantras, ensina-nos que o mundo ao nosso redor é influenciado pelo que pronunciamos. Falar, assim, não é apenas um ato; é uma criação que reverbera pelo espaço e pelo tempo, transformando o ambiente, a nossa própria saúde e até o futuro. Ao compreender isso, tomamos posse de uma sabedoria que os antigos guardavam como um tesouro sagrado: o entendimento de que, ao controlar nossas palavras, controlamos também o destino.

As palavras possuem um poder extraordinário, capaz de moldar realidades e influenciar mentes. O que muitas vezes subestimamos é a profunda conexão entre a linguagem que usamos e a maneira como percebemos o mundo ao nosso redor. Cada expressão que articulamos não é meramente um som ou uma combinação de letras; é uma manifestação da nossa essência e uma ferramenta que pode inspirar, motivar e até curar.

Está escrito: "A vida e a morte estão no poder da língua". Essa afirmação reverberou em mim por muito tempo. Pense nos grandes líderes da História. Quantas vezes apenas palavras bem escolhidas mudaram o curso de uma nação? Um discurso inspirador ou uma frase de impacto podem acender a chama da esperança na escuridão. O impacto das palavras vai muito além do que percebemos; elas têm a capacidade de transformar emoções e criar conexões genuínas.

Ao iniciarmos um exercício de reflexão, convido-o a anotar algumas palavras que ressoam positivamente em sua vida. Como elas fazem você se sentir? Quais emoções elas despertam? Agora, opte por registrá-las em um espaço visível, como um quadro de inspiração ou um diário. Durante uma semana, comprometa-se a utilizar essas palavras em suas interações diárias. Observe a diferença! Você notará uma sutil, mas poderosa mudança na sua percepção e na forma como as pessoas reagem ao seu redor.

As palavras não são apenas meios de comunicação; elas carregam energia. Quando falamos de modo consciente e intencional, alinhamos nossas vibrações e atraímos ao nosso redor aquilo que desejamos. Usar palavras de afirmação e encorajamento pode criar um ambiente fértil onde o crescimento é praticamente garantido. Experimente, por exemplo, iniciar suas conversas com um "Eu trago bons sentimentos para esta conversa" ou um simples "Eu estou aberto(a) a ouvir". Essas afirmações mudam não só o tom da interação, mas também a energia que emana dela.

A transformação intelectual e emocional que você busca começa com suas palavras. Cada vez que você se comunica, você tem a oportunidade de semear a inspiração e a positividade. Portanto, escolha suas palavras com cuidado; elas são as chaves que abrem portas não só para novas realidades pessoais, mas também para experiências que incluem e elevam aqueles à sua volta.

Clareza

Quando se trata de comunicação, é fundamental compreender que as palavras que escolhemos podem construir ou destruir. A capacidade de se expressar de maneira clara e eficaz é uma arte que todos podemos dominar com prática e intenção. A clareza não é apenas sobre optar por palavras simples; é uma demonstração de respeito pelo tempo e pela compreensão do outro.

A chave aqui é a empatia. Antes de falarmos, devemos pensar em como nossas palavras serão recebidas. Colocar-se no lugar do outro é uma prática poderosa que nos ajuda a moldar a mensagem da melhor forma possível. Pratique a escuta ativa: faça perguntas, mostre interesse genuíno pelo que a outra pessoa está dizendo. Ao validar as preocupações e as ideias do outro, você não apenas melhora suas habilidades comunicativas, mas também constrói uma ponte de confiança entre vocês.

As palavras têm uma energia própria, e o tom e a linguagem corporal que utilizamos ao nos comunicarmos são igualmente importantes. Um simples sorriso, por exemplo, pode transformar uma frase comum em uma expressão amigável. Considere sempre o contexto: a comunicação em um ambiente pessoal é diferente daquela que ocorre em um espaço profissional. Em reuniões de trabalho, ser direto e objetivo é valoroso; já entre amigos, a descontração e o humor podem ser os melhores aliados.

É vital que cada um de nós assuma a responsabilidade pela forma como nos comunicamos. Isso inclui evitar desentendimentos desnecessários. Ao assumir uma postura de clareza, você tem o poder de transformar conversas monótonas em diálogos dinâmicos, reflexão e até mesmo ação colaborativa.

Sozinho, o ato de fala pode parecer um exercício solitário, mas, em essência, é uma dança – um intercâmbio contínuo de ideias, sentimentos e intenções. Portanto, convidamos você a refletir: como você pode aprimorar sua comunicação e influenciar positivamente as interações que tem diariamente?

Agora, proponho um exercício prático: na próxima semana, escolha uma situação em que sente que suas mensagens podem ter sido mal interpretadas. Observe os pontos de incompreensão com atenção e, na sequência, converse com a pessoa novamente. Desta vez, expresse-se com abertura e clareza. Pedir feedback melhora não só a sua habilidade, mas também o entendimento mútuo.

Assim, conectamos as peças essenciais desta parte de nossa jornada: as palavras, quando escolhidas com cuidado, se tornam veículos poderosos de conexão e transformação. Ao aprender a arte da comunicação clara, não apenas melhoramos nossas interações, mas também criamos um impacto positivo e duradouro no mundo ao nosso redor. Que essa semana seja repleta de diálogos significativos e frutos de uma comunicação mais intencional e consciente.

Vibrando em Sintonia

É fascinante pensar em como as palavras são mais do que simples combinações de sons. Elas têm a capacidade de evocar emoções, criar conexões e até mesmo alterar nosso ambiente. Quando falamos, nossa linguagem não apenas comunica nossos pensamentos, mas também emite uma energia que pode ressoar com aqueles ao nosso redor. Essa energia esculpe atmosferas e influencia o comportamento das pessoas, muitas vezes sem que percebamos.

A energia que emana de nossas palavras se entrelaça com a emocionalidade dos nossos ouvintes. Portanto, sejamos conscientes do tipo de energia que queremos manifestar e do impacto que isso pode ter sobre os outros.

Nesse contexto, práticas como afirmações desempenham um papel vital. Ao articular intencionalmente frases que reforçam nossas capacidades e metas, não somente comunicamos a nós mesmos nossas intenções, mas também sinalizamos para o universo o que realmente queremos atrair. Criar afirmações poderosas implica escolher palavras que ecoem sinceridade e entusiasmo. Em vez de dizer "Eu quero ser feliz", transforme isso em "Eu sou profundamente grato pela felicidade que já flui em minha vida".

Aqui estão alguns exemplos de afirmações que podem ser usadas para elevar a vibração pessoal e abrir caminhos de prosperidade e bem-estar:

1. Para a autoconfiança e empoderamento:

- "Eu sou suficiente exatamente como sou."
- "Eu confio na minha capacidade de superar qualquer desafio."

• "Minha luz interior é forte e única, e eu a expresso livremente."

2. Para a cura emocional:

• "Eu me perdoo e liberto tudo o que já passou."

• "Eu sou merecedor de amor e aceitação."

• "Acolho minhas emoções com compaixão e entendimento."

3. Para a gratidão e abundância:

• "Sou grato por todas as bênçãos que recebo diariamente."

• "Minha vida é repleta de abundância e oportunidades."

• "Eu acolho a prosperidade em todas as áreas da minha vida."

• "Sou tão feliz e grato agora que o dinheiro vem até mim, através de múltiplas fontes, de forma crescente e em base contínua".

4. Para a paz e tranquilidade:

• "Eu escolho a paz em cada situação que enfrento."

• "Meu coração e minha mente estão calmos e serenos."

• "A harmonia e a serenidade fluem através de mim."

Essas práticas de afirmação, especialmente quando combinadas com um sentimento genuíno de gratidão e a intenção clara de atrair experiências positivas, podem criar uma poderosa mudança de percepção e realidade. A repetição das palavras e o foco em seu significado criam uma "ressonância harmônica" que atua como uma chave, abrindo portas para novas oportunidades e realidades.

Para integrar esse conceito em sua vida diária, proponho um exercício prático: crie uma lista de afirmações que ressoem com seus objetivos e desejos. Escolha expressões que façam seu coração vibrar de alegria. Coloque essas afirmações em um lugar onde possa vê-las diariamente, como um espelho ou um quadro de visão. Ao lê-las, permita-se sentir a energia doce e motivadora que essas palavras trazem. Pratique a repetição diária, alinhando suas emoções com cada frase.

Capítulo 17
Comunicação Consciente para a Transformação Pessoal

Entrar no universo da comunicação consciente é um convite mais que urgente para desenvolver a escuta ativa. Este não é apenas um ato de ouvir; é um exercício de presença, comprometimento e respeito por quem está diante de nós. Quando nos propomos a escutar de forma genuína, abrimos as portas para um entendimento mais profundo das emoções e necessidades do outro. Imagine a cena: você conversa com alguém e, em vez de formular mentalmente sua próxima fala, se permite absorver cada palavra, cada emoção, cada nuance. Isso transforma o diálogo em um baile harmonioso, em que cada movimento e pausa têm sua importância.

Proponho que, em sua próxima conversa, mantenha o foco apenas no que o outro está dizendo. Deixe de lado as distrações – o celular, o barulho do ambiente – e concentre-se.

Depois, faça uma breve anotação mental sobre o que você sentiu durante a interação. Quais foram os sentimentos que emergiram? Que percepções novas surgiram a partir dessa prática? Ao refletir sobre isso, você perceberá que a escuta ativa não só melhora suas interações, como também potencializa sua capacidade de criar laços mais profundos e significativos.

O Impacto das Palavras em Nossas Relações e no Mundo

A maneira com que nos comunicamos molda nossas relações e também o mundo ao nosso redor. Não é exagero afirmar que palavras têm o poder de construir ou demolir pontes de entendimento. Lembre-se de momentos históricos, cheios de emoção, quando um discurso articulado mudou o rumo de uma nação. A comunicação adequada pode trazer unidade em tempos de divisão, amor na hora da amargura.

Convido você a uma autoanálise: faça uma lista de situações em que suas palavras geraram impacto, positivo ou negativo. Ao revisitar esses momentos, questione-se: o que poderia ter sido dito de forma diferente? Como as palavras que escolhemos podem impulsionar empatia e solidariedade em um mundo que, muitas vezes, parece tão separado?

Transformando Conflitos em Oportunidades de Evolução

Toda relação está sujeita a desentendimentos. O grande diferencial está na nossa habilidade de transformar esses conflitos em oportunidades de aprendizado e crescimento. Imagine encontrar um amigo e, em vez de acusá-lo, direcionar a conversa para um diálogo sobre a situação que os levou ao atrito. Perguntas como "Como podemos resolver isso juntos?" ou "O que podemos aprender disso?" não só mitigam tensões como também criam um espaço fértil para novas ideias e soluções.

Você pode criar um guia prático. Ao enfrentar um conflito, anote os sentimentos que surgem e reflita sobre como esses sentimentos influenciam seu comportamento. Uma fórmula simples de comunicação respeitosa pode ajudar a desarmar a conversa: declare suas emoções, escute as do outro e proponha um caminho a seguir. Notará que cada desavença superada se transforma em uma nova alavanca para fortalecer o relacionamento.

A Linguagem Altera o Ambiente

Palavras poderosas têm a força de alterar atmosferas e realidades. Ao falar, você não apenas se expressa, mas também pode inspirar e motivar aqueles à sua volta. A troca de palavras negativas por alternativas mais encorajadoras pode ser o primeiro passo em direção a um diálogo mais saudável.

A linguagem é uma das forças mais sutis e poderosas que possuímos. Cada palavra que pronunciamos tem o potencial de moldar não apenas nossa experiência interior, mas também o ambiente ao nosso redor. Palavras influenciam pensamentos, emoções e até comportamentos; elas carregam vibrações que impactam quem somos e quem está à nossa volta e podem elevar ou abaixar nossa frequência vibracional.

O Poder da Linguagem na Elevação da Frequência Vibracional

Estudos na área da psicologia positiva, como os de pesquisadores em Harvard, mostram que a linguagem que escolhemos afeta diretamente nossa percepção da realidade. O Dr. Tal Ben-Shahar, um dos expoentes dessa escola de pensamento, aponta que a linguagem positiva é capaz de remodelar nossos padrões de pensamento, promovendo maior bem-estar e saúde mental. Em outras palavras, nossa linguagem não apenas reflete, mas também constrói nossa realidade. Quando nos expressamos em termos positivos, nosso cérebro libera substâncias como serotonina e dopamina, que estimulam o bem-estar e promovem uma sensação de contentamento e paz interior.

Essas descobertas científicas sobre o impacto da linguagem no bem-estar psicológico conectam-se com conceitos metafísicos antigos, os quais ensinam que as palavras têm uma frequência própria, emitindo vibrações no ambiente que podem harmonizá-lo ou desestabilizá-lo. Em culturas antigas, acreditava-se que as palavras de alta vibração – como "amor", "gratidão" e "compaixão" – elevavam a frequência dos ambientes, harmonizando-os e promovendo prosperidade e cura. Ao contrário, palavras de baixa vibração, como insultos e expressões de ódio, podem causar perturbação e desequilíbrio, tanto internamente em quem as pronuncia quanto externamente, no espaço físico.

A Linguagem e a Metafísica do Ambiente

A metafísica sugere que tudo no universo está interligado através de uma "rede de frequência" que responde a nossas intenções e vibrações. Assim, o ambiente pode ser afetado positivamente por palavras que promovem alta vibração. Usar termos de alta vibração constantemente, além de ser um ato de autocuidado, é um meio de alinhar o ambiente com uma frequência elevada. Como as moléculas de água em um ambiente vibram e se organizam de maneira harmoniosa na presença de palavras e emoções positivas – segundo experimentos de Masaru Emoto –, o mesmo ocorre em nossa psique e ao redor.

De forma prática, palavras como "paz", "alegria" e "gratidão" são capazes de alterar a ressonância vibracional dos ambientes, contribuindo para que quem se encontra neles experimente maior serenidade e leveza.

Palavras e Autoafirmações no Cotidiano

Na prática, cultivar uma linguagem elevada no dia a dia implica conscientizar-se do poder das palavras que escolhemos para nos expressar e construir nossas realidades.

Na psicologia positiva, as afirmações são recomendadas para reprogramação mental e ressignificação emocional, baseando-se na ideia de que nosso cérebro é influenciado pelo que repetimos. A metafísica estende esse conceito, sugerindo que a frequência positiva dessas palavras reverbera no universo, amplificando as chances de que o que afirmamos se materialize.

Um Caminho para a Transformação

A linguagem é um dos instrumentos mais acessíveis e poderosos para a transformação pessoal e ambiental. Através do uso consciente de palavras positivas, de afirmações e da substituição de expressões negativas por outras mais elevadas, criamos uma realidade interna e externa de maior harmonia, vitalidade e propósito.

Em última análise, o que dizemos, pensamos e sentimos é o que determinamos ser. Ao escolhermos conscientemente as palavras que usamos e como as usamos, estamos não apenas moldando nossa própria realidade, mas também impactando a realidade ao redor – um verdadeiro exercício de cocriação e manifestação em harmonia com o universo e com o campo vibracional da Fonte Criadora.

Comunicação Consciente

Neste espaço onde a consciência se encontra com a comunicação, cada interação se torna uma oportunidade de aprendizado, crescimento e, quem sabe, até mesmo uma semente de mudança social. Não hesite: dialogue, escute e conecte-se com os próximos, porque cada palavra possui o poder de moldar não apenas a sua vida, mas a missão coletiva da humanidade. Que cada conversa seja um retorno à essência do que realmente importa: o afeto, a compreensão e a transformação.

Essa imersão na capacidade de se comunicar de maneira consciente e transformadora não é meramente um objetivo. É um compromisso com o mundo, com cada alma que encontramos em nosso caminho. Abrace essa jornada e comece a ver a quantidade de luz que você pode iluminar com a escolha certa de palavras.

A comunicação consciente é uma habilidade que merece ser desvendada e praticada por todos aqueles que buscam não apenas transmitir mensagens, mas impactar vidas. No cerne dessa prática está a escuta ativa, um convite para nos aprofundarmos nas conversas e acolhermos as vozes dos outros com atenção genuína. Neste cenário, escutar não significa meramente esperar a vez de falar; é um ato de presença que pode transformar interações banais em trocas significativas.

Podemos imaginar um clima em que as pessoas compartilham suas histórias com a intensidade que carregam, e cada palavra é um eco das emoções que habitam em seus corações. Ao praticar a escuta ativa, você não só capta o que é dito, mas se conecta com o que está por trás dessas palavras – a essência do outro. Esse é o primeiro passo para construirmos relacionamentos verdadeiramente empáticos.

A importância de escutar de verdade se revela em um simples gesto: a ausência de distrações. Assim, proponho um exercício: na próxima conversa importante que você tiver, coloque seu celular em modo "não perturbe" e olhe diretamente nos olhos da pessoa. Sinta a energia da troca e anote suas percepções. Como isso muda a qualidade da conversa? Você perceberá, rapidamente, que um diálogo nutrido pela atenção genuína se torna mais profundo e vibrante.

Falemos também do impacto das palavras que escolhemos usar. Elas têm poder, esse poder pode edificar ou destruir. O papel da linguagem na nossa vida é inegável, as palavras não apenas comunicam, mas também moldam emoções e pensamentos. Palavra por palavra, encontramos a capacidade de criar ambientes de apoio ou divisão ao nosso redor. Não é à toa que líderes capazes de motivar e inspirar formam legiões de seguidores.

Reflita: quantas vezes você já parou para perceber como suas palavras afetam as pessoas ao seu redor? O tom, a escolha da linguagem, cada detalhe conta. Experimente substituir palavras que costumamos considerar "normais" por alternativas que inspirem qualidade e bem-estar. Troque "eu não sei se isso vai dar certo" por "estou aberto a novas possibilidades" e veja a diferença que isso faz não apenas em sua perspectiva, mas na resposta do outro.

Às vezes, as relações enfrentam desafios e, claro, isso é parte da jornada. Aqui, o desafio se transforma em uma chance para o crescimento. Ao adotar uma postura construtiva frente aos conflitos, podemos descobrir a riqueza oculta nas diferenças. Tente abordar uma situação complicada com perguntas que provoquem reflexão, como "O que podemos aprender juntos com isso?". Isso não apenas desarma a tensão, mas enriquece o diálogo.

Olhando para o vocabulário que utilizamos, vemos que ele pode ser um verdadeiro aliado na construção de um ambiente positivo. As palavras que escolhemos se torna um reflexo da nossa intenção. Faça um esforço consciente: desenvolva um vocabulário que eleve suas conversas. Crie uma lista de palavras que inspirem e instiguem não só você, mas também aqueles com quem interage. Como seria um diálogo em que as palavras são um eco de emoções genuínas e vibrantes?

Assim, ao final desta etapa, considere: cada palavra que você profere carrega consigo a semente de um impacto. É a oportunidade para se tornar um agente de transformação, não apenas em sua vida, mas na vida de muitos. Que sua comunicação se torne um testemunho da construção de um mundo mais empático, respeitoso e cheio de possibilidades. Aceite o desafio, e que suas interações sejam sempre um reflexo da beleza e da profundidade que a comunicação pode alcançar!

Outro ponto crucial é a intenção por trás de nossas palavras. Conversas baseadas em autêntica intenção conseguirão tocar o coração do outro, efetivando uma comunicação que vai além da superfície. Ao abordar situações difíceis, proponha perguntas que promovam a reflexão, que incentivem o diálogo. Por exemplo, em vez de iniciar uma conversa conflituosa com uma acusação, você pode perguntar "Como podemos resolver isso juntos?". Essa abordagem cria uma atmosfera de colaboração, em vez de competição. Você começa a perceber que é possível transformar confrontos em oportunidades de aprendizado.

Conflitos, por mais desconfortáveis que sejam, também são oportunidades valiosas de crescimento. A chave está na forma como lidamos com eles. Ao abordá-los com abertura e disposição de ouvir a perspectiva do outro, podemos descobrir não apenas soluções, mas também profundas lições sobre nós mesmos e nossos relacionamentos. Cada desafio pode ser visto como um trampolim para um entendimento mais profundo, e cada desavença pode abrir caminho para uma conexão mais forte.

Substitua palavras que carregam conotações negativas por alternativas que convidem à reflexão e à ação construtiva. Cada simples mudança pode ter um impacto significativo, elevando a qualidade do diálogo. Fluidez na expressão de sentimentos e pensamentos é um catalisador poderoso para uma comunicação impactante. Verbalizar expectativas, emoções e frustrações de forma respeitosa e clara fortalece o vínculo e cria um ciclo virtuoso de compreensão e amor.

Ao se comprometer com a escuta ativa e a utilização de um vocabulário construtivo, você estará não apenas mudando a forma como se comunica, mas também como vive e se relaciona. Invista nessa chave mágica da comunicação consciente e veja as transformações que começarão a surgir em sua vida pessoal e nas relações ao seu redor. Leve essas práticas como compromisso consigo mesmo e observe todo o potencial que pode ser desbloqueado a partir de sua voz e atenção.

Concluindo, desenvolver uma linguagem positiva é mais do que uma mera técnica; é uma mudança de paradigma que pode impactar diariamente todos os aspectos de sua vida e daqueles que o rodeiam. Cada palavra tem o potencial de ser uma ponte ou uma barreira. Escolha ser aquele que edifica, que conecta e que transforma. O poder está em suas mãos!

Capítulo 18
O Princípio da Incerteza e o Mistério da Sincronicidade

No coração da física quântica, um princípio enigmático e revelador desafia nosso entendimento tradicional da realidade: o Princípio da Incerteza de Heisenberg. De acordo com essa lei fundamental, não é possível determinar ao mesmo tempo, com precisão absoluta, a posição e a velocidade de uma partícula. Esse princípio parece simples, mas seu impacto atinge tanto o campo da física quanto o campo mais amplo da consciência humana, revelando um aspecto fascinante e místico do universo. É como se a própria natureza, ao ser observada, quisesse lembrar-nos que há algo invisível, algo além do controle total, algo que foge da análise rigorosa e nos convida a aceitar o mistério.

Na prática, o Princípio da Incerteza nos ensina que, ao focarmos em um único aspecto da realidade, deixamos outro aspecto desfocado. Na vida, assim como na física, a busca por certeza e controle absoluto acaba revelando a fragilidade e a limitação dessa visão. A incerteza é uma condição da existência; cada escolha, cada caminho tomado, deixa outra possibilidade oculta, um mundo não vivido. Assim, entender o Princípio da Incerteza é também abraçar a natureza de uma realidade que se molda e flui à medida que interagimos com ela. Esse é um terreno fértil para a expansão da consciência.

Sincronicidade: O Universo Respondendo em Tempo Real

Quando compreendemos que o universo responde de maneira incerta e imprevisível a cada olhar, a cada intenção, um fenômeno interessante passa a ser notado: a sincronicidade. O termo "sincronicidade" foi cunhado por Carl Jung para descrever eventos que, aparentemente sem conexão causal, ocorrem de forma simultânea e significativa, como se fossem orquestrados por uma inteligência invisível.

Imagine, por exemplo, que você esteja pensando em alguém com quem não conversa há anos e, naquele exato instante, essa pessoa lhe envia uma mensagem. Ou pense em quando você encontra exatamente as informações de que precisava em um livro ao acaso, como se uma força maior estivesse alinhando o momento exato e o evento perfeito para alcançar você. Esses "acidentes significativos" são sinais de que o universo responde às nossas intenções e à energia que emitimos. A sincronicidade é como se fosse uma dica do cosmos, um lembrete de que estamos conectados com algo maior e nossas escolhas vibram ao longo de fios invisíveis, gerando ecos em todos os cantos da criação.

Sincronicidades na Vida Real

Em várias culturas, a sincronicidade é vista como um presságio, uma confirmação de que o caminho escolhido está alinhado com algo maior. Em uma história famosa, o próprio Carl Jung relata uma sessão de terapia em que uma paciente estava contando sobre um sonho com um besouro dourado. Enquanto ela falava, Jung ouviu um leve bater de asas na janela, e, ao abrir a janela, um besouro – algo raro de ser encontrado naquela área – entrou na sala. Esse evento extraordinário ajudou a paciente a romper uma barreira de racionalidade e de controle absoluto, tornando-se mais aberta para aquilo que está além do previsível. Esse pequeno evento aparentemente sem sentido é um exemplo de como o universo trabalha através do inesperado, nos levando a abrir a mente e nos conectarmos com algo mais profundo.

A Ressonância Harmônica e as Conexões Pessoais

O Princípio da Incerteza e o fenômeno da sincronicidade não se manifestam apenas em eventos ou coincidências. Eles também se aplicam nas conexões pessoais e nas relações que cultivamos. Cada um de nós emite uma frequência própria, um padrão vibracional que ressoa com outras frequências de forma semelhante. Esse conceito é chamado de ressonância harmônica. Em uma perspectiva metafísica, isso significa que atraímos e somos atraídos por aqueles que vibram em sintonia com nossas intenções e emoções.

Quando conhecemos alguém e sentimos uma conexão imediata, sem entender exatamente por que, estamos experimentando a ressonância harmônica. Esse é um fenômeno que ultrapassa a lógica; não é uma simples questão de gostos em comum ou interesses compartilhados, mas uma vibração subjacente, um tipo de "entendimento" que acontece além das palavras. Assim, ao longo da vida, ao passo que desenvolvemos e refinamos nossa consciência e nosso propósito, nosso campo energético também muda, atraindo novos encontros, novas parcerias e novos aprendizados. Por isso, o Princípio da Incerteza e a sincronicidade podem ser aliados valiosos na expansão da consciência.

Intenção e a Manifestação da Realidade

A realidade que experienciamos é também afetada pela qualidade da nossa intenção, que atua como uma espécie de comando silencioso ao universo. Quando nossa intenção está clara, alinhada com nosso propósito e infundida com um sentimento de gratidão ou de paz, criamos uma energia que ressoa em harmonia com tudo ao redor, facilitando a manifestação de experiências significativas. Estudos sobre o comportamento das partículas subatômicas sugerem que o observador pode, de certa forma, afetar a realidade observada; assim, o que escolhemos "ver" ou dar atenção parece, de algum modo, se fortalecer e ganhar forma.

O poder da intenção, juntamente com a compreensão de que a realidade é mais maleável do que parece, abre portas para uma manifestação consciente. Intenção, somada à emoção e à atenção plena, atua como uma frequência que entra em ressonância com o campo quântico ao nosso redor. E é essa energia que atrai pessoas, eventos e sincronicidades que nos aproximam dos nossos sonhos e aspirações.

A Prática da Gratidão: Ressonância Elevada

Na base da manifestação consciente, está um dos estados emocionais mais poderosos: a gratidão. A prática de expressar gratidão não só modifica nossa percepção da realidade, tornando-nos mais conscientes das coisas boas, mas também eleva nossa frequência vibracional. Ao sermos gratos, estamos emitindo uma frequência elevada, e essa frequência encontra ressonância em tudo o que está em harmonia com ela, atraindo experiências positivas e prósperas para nossas vidas.

A gratidão ativa o estado de "já realizado", uma prática muito próxima ao conceito de sentir "como se já estivesse lá". Essa prática intensifica nossa frequência vibracional, afetando o próprio campo de possibilidades e nos colocando em sintonia com experiências que ressoam com essa realidade desejada.

Sincronicidade como Sinal de Alinhamento

Quando começamos a viver com intenção clara e praticamos a gratidão como uma realidade diária, a sincronicidade torna-se uma presença constante, quase como um aliado sutil e silencioso. Essas coincidências significativas – como encontrar uma pessoa que traz a resposta que buscamos, ou deparar-se com uma oportunidade inesperada – deixam de ser acasos e passam a ser pistas, confirmações de que estamos em harmonia com o universo.

Entender a profundidade do Princípio da Incerteza, da sincronicidade e da ressonância é perceber que o universo é um grande campo de potenciais, pronto para responder às vibrações e intenções que emitimos. Esse é o convite para manifestar uma realidade significativa e consciente, em que cada momento é uma oportunidade de transformar o invisível em visível, o potencial em realidade.

O Despertar da Consciência: O Caminho para a Plenitude

Não há como experimentar a plenitude sem uma conexão genuína com a Fonte de todas as coisas. Vivemos imersos em um universo vasto e misterioso, onde tudo está interligado, e cada ser faz parte de uma grandiosa teia cósmica. Quando abrimos os olhos e os ouvidos, com atenção plena, começamos a perceber essa interconexão que permeia cada aspecto de nossa existência. Somos, em essência, parte do Todo – uma manifestação singular, mas indivisível, da Consciência Maior.

No entanto, a maioria de nós caminha pela vida desconectados dessa verdade. A desconexão da Fonte, ou a falta de conhecimento de Deus, é um retrato claro de nossa condição em muitos momentos da jornada. Perdidos nas distrações, nos desejos efêmeros, nos ruídos incessantes do ego, vagamos sem

Metafísica – A Ciência do Invisível

perceber o quão longe estamos de nosso centro, de nossa essência divina. E então surge a grande questão: quanto tempo caminharemos assim, desconectados, presos ao ego e às ilusões da mente?

A expansão da consciência começa quando reconhecemos que somos parte inseparável do Todo. A consciência do Divino está dentro de nós, esperando ser descoberta. Seja chamada de Eu Superior, Centelha Divina, Espírito Santo, ou mesmo o Ajustador do Pensamento, o que realmente importa é que essa conexão precisa ser buscada ativamente. Não é algo que acontece por acaso. É uma escolha – consciente e deliberada. O despertar para essa realidade é o primeiro passo para transcender a limitação e caminhar em direção à verdadeira plenitude.

Muitas vezes subestimamos o poder de nossas escolhas. Pequenas decisões diárias, por mais insignificantes que possam parecer, podem transformar completamente o curso de nossa vida. Às vezes, são essas escolhas aparentemente banais que abrem as portas para um crescimento espiritual profundo. E, da mesma forma, grandes decisões têm o poder de mudar não apenas a nossa própria história, mas a de gerações inteiras. A jornada rumo à consciência plena começa com a decisão de se reconectar com a Fonte.

Essa conexão não é apenas o caminho para o autoconhecimento, mas também para uma vida abundante e próspera. Jesus, em seus ensinamentos sobre o Reino dos Céus, falava de uma realidade espiritual inabalável, imutável e eterna. Ele disse: "Eu vim para que tenham vida, e a tenham em abundância". Mas o que é essa vida abundante, senão a expressão da plenitude divina que já está disponível para nós? No Reino de Deus, não há escassez, dor ou confusão. Existe apenas a verdade, a justiça e a bondade.

Quando compreendemos essa verdade, tudo muda. A oração que repetimos tantas vezes – "Venha a nós o Teu Reino, seja feita a Tua vontade, assim na terra como no céu" – adquire um novo significado. A "terra" aqui representa o nosso subconsciente, o mundo físico em que vivemos. Já os "céus" simbolizam o mundo espiritual, o Reino da Verdade absoluta, onde reside a paz, a saúde plena e a prosperidade infinita. Para acessar essa realidade, precisamos aprender a nos desligar das distrações da matéria, dos medos e das inseguranças que nos cercam.

Viver pela visão limitada dos olhos físicos é uma forma de ignorância. A verdadeira sabedoria está em aprender a enxergar além, em acessar a realidade espiritual que está além da forma, além do aparente. Para isso, é necessário silenciar o caos ao nosso redor, parar e respirar profundamente, sentindo o presente momento e agradecendo pela vida que nos foi dada. Essa gratidão nos conecta diretamente com a Fonte, com a Paz e o Amor inabaláveis que estão sempre disponíveis, aguardando apenas que os busquemos sinceramente.

Quando nos permitimos essa conexão, algo mágico acontece: encontramos uma paz que transcende qualquer descrição. Não é uma paz momentânea ou superficial, mas um silêncio interior profundo, um estado de unidade com o Divino. Ser um com a Fonte é descobrir nosso propósito mais elevado, o chamado único que cada um de nós carrega dentro de si. Quando escutamos essa voz interior, percebemos que estamos aqui para realizar algo maior, algo que só nós, com nossos talentos e dons, podemos cumprir.

Jesus exemplificou essa verdade quando disse: "Eu faço o que vejo o meu Pai fazer". Seguir a vontade do Pai, nesse contexto, é viver de acordo com o propósito que nos foi designado, manifestando nossas capacidades e habilidades em sua máxima expressão. É o que Beethoven fez ao compor suas sinfonias, ou Galileu ao decifrar os mistérios do cosmos. Cada gênio, cada visionário, ouviu essa voz interior e seguiu o chamado que ecoava em sua alma. Da mesma forma, cada um de nós tem um chamado, uma missão específica para cumprir.

Estar conectado com a Fonte nos permite realizar o que nascemos para fazer. Isso é viver em plenitude – é viver a vontade do Pai. E essa conexão não depende de circunstâncias externas ou de outros. Não podemos buscar plenitude em relacionamentos, em status ou em posses materiais. A plenitude vem de dentro, da conexão direta com a Fonte de toda a criação.

O maior inimigo dessa conexão é o ego. Ele é o artífice das ilusões, construindo muralhas mentais que nos afastam da verdade. Anos, às vezes décadas, podem ser gastos erguendo essas barreiras que nos separam da paz e da luz interior. O ego nos distrai com suas promessas de gratificação instantânea, com os prazeres efêmeros do mundo. Mas, ao dominar a mente e nos reconectar com a Fonte, essas muralhas caem como areia, revelando a realidade luminosa que sempre esteve à nossa disposição.

Vivemos em um mundo cheio de ruídos e distrações. O entretenimento sem fim e a tecnologia, por mais que tenham seu valor, muitas vezes nos entorpecem e nos afastam da verdadeira conexão. O primeiro passo para a mudança é a consciência. Reconhecer que estamos desconectados e tomar a decisão de nos reconectar com a Fonte é o início de uma nova vida. Uma vida plena, abundante, em paz e prosperidade, na qual as distrações caem e a verdade prevalece. Esse é o caminho da verdadeira transformação.

Capítulo 19
A Ciência da Coerência – Alinhando a Mente e o Coração para o Potencial Humano

Coerência é o fluxo de informação da Intenção para o Propósito e do Propósito para o Significado. Por outras palavras, todo o "O QUÊ" (Intenção) tem um "PARA QUÊ" (Propósito) e um "PORQUÊ" (Significado). Isso leva à "CONGRUÊNCIA" (Como). A Coerência é aplicada com verdade, honestidade, transparência, integridade e é enfraquecida e bloqueada pela traição, mentiras, deturpação e relações tóxicas nos níveis físico, emocional, pessoal e espiritual.

Dr. Carlos Orozco

A busca pela transformação interior e pela manifestação de uma nova realidade tem, em sua essência, uma palavra-chave: coerência. Essa coerência é uma espécie de harmonia entre os sistemas internos do corpo, mente e emoções, capaz de criar um estado ideal de energia, clareza e bem-estar. O Dr. Joe Dispenza, neurocientista, descreve a coerência cerebral como um processo de organização e alinhamento dos circuitos neuronais, resultando em um estado mental de equilíbrio e harmonia. É como sintonizar uma estação de rádio com precisão; quando encontramos a frequência correta, a estática desaparece e a música se revela com nitidez. Em nosso cérebro, essa "música" é o fluxo de pensamentos claros, uma mente focada e uma sensação de paz interna.

Ao entrarmos em um estado de coerência cerebral, os diferentes hemisférios e regiões do cérebro trabalham em harmonia, criando um campo de alta energia e potencial, onde a intuição e a criatividade podem surgir naturalmente. Mas alcançar essa coerência não é tão simples quanto querer ou esperar; é um processo que exige prática e, mais do que tudo, uma técnica específica.

A Meditação da Coerência Cerebral

Para alcançar a coerência cerebral, Dr. Joe Dispenza sugere uma prática meditativa focada, na qual a intenção e a atenção são colocadas em equilíbrio. Essa meditação envolve estar consciente da respiração e focar partes específicas do corpo, em especial, na região entre os olhos, chamada de glândula pineal. Essa área é o ponto de entrada para o cérebro límbico, onde a memória emocional e os centros de sobrevivência estão localizados. É um processo que não envolve "esquecer" as emoções, mas reconhecer, liberar e reorganizar os padrões emocionais e mentais que nos conectam a emoções negativas e estressantes.

A prática começa com a pessoa fechando os olhos, trazendo sua atenção para a respiração e, em seguida, movendo sua consciência de forma gradual e repetida sobre o corpo, dos pés à cabeça. Esse escaneamento mental ajuda a criar uma sensação de conexão entre corpo e mente, até que o praticante sinta uma presença e uma energia unificada. Ao focar intencionalmente uma emoção positiva – como gratidão ou alegria – e mantê-la, as ondas cerebrais entram em um padrão harmônico. Nesse estado, estamos literalmente reprogramando o cérebro para entrar em harmonia, afastando-nos de ondas cerebrais incoerentes e negativas e alinhando-nos com uma mente serena e focada.

Dr. Dispenza compara essa coerência a um "afinar" do cérebro, em que a redução da atividade caótica libera uma mente calma e aberta, pronta para criar intencionalmente e experimentar a vida com uma clareza raramente encontrada nos estados normais de consciência.

Coerência Segundo o Dr. Carlos Orozco

O conceito de coerência de primordial compreensão também é abordado pelo Dr. Carlos Orozco. Conheci o Dr. Orozco em Lisboa numa conferência na qual éramos palestrantes. Quando ouvi sua palestra, fiquei muito impactado. Acabei gravando uma entrevista com ele e comprei o seu livro.

Para Orozco, a coerência não é apenas um estado cerebral, mas uma interação entre todos os sistemas do corpo, especialmente a mente, o coração e o campo de energia ao nosso redor. Essa visão aponta para o corpo como um instrumento de sintonia fina, onde a coerência é a capacidade de ressoar em harmonia com o campo magnético da Terra e as frequências naturais do universo.

Na jornada ampla e complexa da existência, a coerência se revela como o delicado equilíbrio entre diferentes elementos invisíveis, mas poderosos: **a Intenção, o Propósito e o Significado**. Em sua essência, a coerência é o fluir harmonioso da informação, em que a Intenção guia o Propósito, e este, por sua vez, encontra seu significado. É como se cada "O QUÊ" que se origina na intenção encontrasse seu "PARA QUÊ" no propósito, e ambos se entrelaçassem em um intrincado tecido de significado.

Nessa dança cósmica, a congruência se torna a bailarina principal, expressando-se como o "Como" de todas as coisas. É a harmonia entre os desejos mais profundos da alma e as ações realizadas no mundo físico. Mas essa congruência, essa coerência, não é uma dádiva concedida sem esforço; é uma conquista diária, uma jornada de autodescoberta e integração.

Quantas vezes me senti impotente com base nas minhas próprias autolimitações emocionais e programas autossabotadores instalados na minha infância. Uma matriz de ansiedade com um toque de vitimismo era a receita perfeita para a escassez e bloqueio da criatividade e da prosperidade.

Assim como a luz pode ser bloqueada por densas nuvens, a coerência também pode ser obscurecida por forças negativas. A verdade, a honestidade, a transparência e a integridade são as pedras fundamentais sobre as quais a coerência se ergue majestosamente. No entanto, a traição, as mentiras, a deturpação e as relações tóxicas representam as sombras que ameaçam sua existência nos diversos níveis da experiência humana: físico, emocional, pessoal e espiritual.

É nos caminhos sinuosos da compreensão que encontramos a luz que guiará nossa busca pela coerência em nossas vidas.

Diferente da coerência cerebral, que foca no alinhamento dos circuitos neuronais, a coerência de Orozco se preocupa com a ressonância vibracional de todos os sistemas, incluindo o sistema nervoso autônomo, o sistema cardiovascular e até o sistema imunológico. Ao entrar em um estado de coerência profunda, o corpo não está apenas em paz internamente, mas está em alinhamento com forças externas e naturais que, segundo Orozco, têm o poder de curar, revitalizar e potencializar a capacidade humana de bem-estar. A prática de coerência, para ele, é uma prática de sintonizar-se com o próprio corpo e com o universo.

Coerência Cardíaca: A Linguagem do Coração

O conceito de coerência cardíaca ou do coração, por outro lado, refere-se especificamente ao campo energético emitido pelo coração. Estudos mostram que o campo magnético do coração é o mais forte gerado pelo corpo humano, superando em até 60 vezes o do cérebro. Quando o coração está em coerência, ele emite um padrão de frequência que impacta todos os outros sistemas do corpo, regulando o cérebro, as emoções e até as respostas fisiológicas. Práticas que focam na coerência cardíaca, como respiração profunda e a meditação no "sentir", procuram criar um estado de amor, paz ou gratidão que altera as batidas do coração e, consequentemente, o campo magnético emitido por ele.

A coerência do coração conecta diretamente ao sistema límbico do cérebro e influencia as nossas emoções. Em outras palavras, quando praticamos coerência do coração, estamos alinhando nosso campo energético para influenciar positivamente a mente e o corpo. Sentir gratidão, amor e apreciação regularmente não só aumenta a nossa saúde mental, como também reduz inflamações e melhora a saúde geral.

A Coerência na Expansão da Consciência

A coerência, seja ela cerebral, sistêmica ou cardíaca, tem um impacto profundo em nossa capacidade de experimentar níveis mais altos de consciência. Alinhar a mente e o coração cria um campo de harmonia que nos permite acessar intuições mais profundas, insights e uma sensação de paz inabalável. Com o tempo, a prática da coerência também nos ajuda a manifestar nossos desejos, pois uma mente e um coração em harmonia criam um estado de frequência que ressoa com a abundância e a saúde. Assim, a coerência se torna uma prática de expansão e cura, um estado de ser que não apenas molda a realidade ao nosso redor, mas nos revela um potencial ilimitado para viver de forma plena e consciente.

Quando alcançamos a coerência, descobrimos que a verdadeira transformação está em alinhar nossas intenções e emoções com nossa mente e coração, vivendo com um propósito que vai além de nós mesmos, alinhado com o fluxo do universo e com o próprio sentido de criação.

Capítulo Final
O Caminho da Floresta e o Retorno à Fonte

Imagine, por um instante, uma floresta vasta e misteriosa, antiga como o próprio tempo, onde cada folha, cada raio de sol filtrado entre as copas, cada pequeno pássaro ou inseto são peças de uma dança silenciosa, conectadas por raízes invisíveis e interdependentes. Caminhar por essa floresta é mergulhar em uma comunhão com algo mais profundo, mais vasto, onde a própria natureza parece conter respostas para as perguntas que ecoam desde o início dos tempos.

Ao percorrer esses caminhos sinuosos e cobertos de musgo, o viajante é lembrado de que a floresta guarda, no sussurro do vento e no murmúrio das árvores, a mesma harmonia que rege a sinfonia do cosmos. Ele percebe que não é apenas um visitante; ele é uma parte viva desse emaranhado, conectado, seja pelas raízes ocultas que entrelaçam tudo ou pelo ar compartilhado que passa entre os troncos e folhas. Cada passo adentra o terreno sagrado do desconhecido, onde uma escolha pode mudar o curso da trilha e, talvez, até a própria alma.

E assim também é nossa jornada interior: entre escolhas, intenções e ações que, mesmo parecendo pequenas, constroem em nós um compasso interno, uma melodia que ressoa com as forças invisíveis do universo. Cada decisão é como uma pedra lançada em um lago, espalhando ondas que reverberam para além de onde nossos olhos podem alcançar. A cada instante, a cada pequeno gesto, somos confrontados por essa verdade: que a grande dança da vida, a experiência de existir e de evoluir, não se revela em saltos monumentais, mas na delicadeza dos passos diários e conscientes.

Como o jardineiro que cuida de seu terreno, plantando e cuidando de cada semente, somos chamados a cultivar as sementes de nossa realidade – e para que floresçam em plenitude, requerem a nutrição constante da intenção, da atenção e da gratidão. Essas são as águas e o sol que fazem crescer em nós o jardim do despertar. Uma mente que se eleva, uma alma que se aprofunda, um coração que se abre ao mistério, a tudo isso chamamos de prática. E é nesse pequeno cultivo diário que o poder da transformação genuína reside.

Nas tradições ancestrais, em vilarejos remotos, conta-se a história dos mestres que, ao final de cada dia, perguntavam aos seus discípulos: "Hoje, o que você fez para aproximar-se da sua essência?". Uma questão simples, quase inocente, mas que guarda em si uma profunda sabedoria: o caminho para a consciência elevada não está em realizar grandes feitos, mas em pequenos

Metafísica – A Ciência do Invisível

passos, contínuos e verdadeiros, que nos levam, pouco a pouco, a uma sintonia com o universo.

E, à medida que nos aproximamos do final da trilha, o próprio caminho começa a se dissolver, revelando que nunca estivemos realmente sozinhos, que sempre estivemos dentro do coração da Fonte Criadora. Essa Fonte, que alguns chamam de Deus, outros de Consciência Universal, é a força que permeia todas as coisas, que respira em nós e através de nós. A viagem, afinal, não é para um destino distante, mas para dentro – um retorno à origem, em que tudo o que realmente somos encontra sua expressão mais autêntica.

Assim como a floresta revela sua beleza e sabedoria apenas aos que se aventuram a percorrer seus segredos, a vida nos convida a descobrir, em nosso silêncio, as verdades universais que habitam em cada um de nós. A verdadeira jornada é um ato de recordar, de voltar a sentir a união inquebrável com a grande teia da existência. Em cada escolha, em cada nova manhã, somos convidados a fazer a paz e a prosperidade germinarem em nossos corações, nutrindo a conexão com o divino e revelando, de forma pura, a magnificência da Fonte que nunca deixou de pulsar em nós.

No final, o que a floresta nos ensina é o que a alma sempre soube: que o propósito da vida é lembrar que somos um com a Fonte. Cada ato de gentileza, cada palavra de gratidão e cada pensamento de amor se tornam portais, abrindo o nosso ser para o vasto oceano da criação e da paz. Que nossa jornada seja uma dança harmoniosa com o Todo, construindo em cada escolha um passo mais próximo do divino, até que possamos repousar, plenamente despertos, na essência de tudo que é.

E, nessa travessia, o verdadeiro sábio compreende que a conexão com a Fonte Criadora, o Pai Universal, não é um destino a ser alcançado, mas uma realidade presente, esperando ser despertada em cada momento de percepção, em cada escolha de viver em harmonia. Tal como a floresta que abriga a vida em sua infinita dança de renovação, nós, enquanto cocriadores de nossa realidade, somos convidados a lembrar que a Fonte está em nós e que nós estamos na Fonte. E assim, nas decisões que fazemos a cada instante, somos chamados a nos alinhar com essa harmonia divina, construindo o nosso universo e o universo ao redor com cada ação, cada pensamento, cada sopro de intenção.

Que essa jornada de descoberta nos guie a uma vida de profunda paz e plenitude, recordando-nos de nossa origem e nosso destino, que são um só: a união com Deus, O Pai Universal, A Grande Fonte de toda a criação.

UM SOMOS NÓS!

Referências Bibliográficas

1. Braden, G. *O Poder da Cura com as Conexões da Matriz Divina*. Rio de Janeiro: Editora Pensamento, 2010.

Explora as conexões entre ciência e espiritualidade e apresenta a teoria da "Matriz Divina", um campo unificado que une tudo no universo, sugerindo como a intenção humana pode influenciar a realidade.

2. Dispenza, J. *Você é o Placebo*: Faça Sua Mente Trabalhar a Seu Favor. Rio de Janeiro: Ediouro, 2014.

Descreve como a intencionalidade e as técnicas de meditação podem ajudar a criar uma coerência entre mente e corpo, fortalecendo a saúde e alterando padrões mentais e emocionais para promover a transformação.

3. Gladwell, M. *Fora de Série*: Outliers. Rio de Janeiro: Sextante, 2009.

Analisa como as pequenas decisões, ações e o ambiente influenciam nossas vidas e, por consequência, nossos propósitos. Suas ideias podem ser aplicadas à conexão com nosso propósito de vida e com a força invisível que nos guia.

4. Hicks, E. & Hicks, J. *Peça e Será Atendido*. São Paulo: Editora Sextante, 2011.

Uma introdução ao poder da intenção e da lei da atração, oferecendo um guia prático para a técnica de 68 segundos e outras práticas que permitem o uso da energia criativa para manifestar desejos.

5. Hew Len, I. & Vitale, J. *Limite Zero*: O Sistema Havaiano Secreto para Paz, Amor e Mais Saúde e Riqueza. São Paulo: Editora Saraiva, 2009.

Uma introdução ao Ho'oponopono e à prática de cura e renovação espiritual dos kahunas, que demonstra o poder do perdão e do autocuidado como meios de alcançar a plenitude.

6. Jung, C. G. *Sincronicidade*: Um Princípio de Conexões Acausais. Petrópolis: Editora Vozes, 2010.

Introduz o conceito de sincronicidade, sugerindo que existem coincidências significativas que nos ajudam a navegar no mundo físico e espiritual, fortalecendo conexões pessoais e harmonizando nossas vidas.

7. Lipton, B. *A Biologia da Crença*. São Paulo: Butterfly Editora, 2007.

Explica como nossos pensamentos e crenças influenciam nossa biologia, revelando como uma visão sistêmica da vida pode impactar diretamente nossa saúde física e emocional.

8. Sheldrake, R. *Uma Nova Ciência da Vida*: A Hipótese da Causalidade Formativa. São Paulo: Cultrix, 2017.

Explora o conceito dos campos morfogenéticos, revelando como a ancestralidade e o ambiente influenciam os padrões de comportamento e evolução das espécies.

9. Tolle, E. *O Poder do Agora*: Um Guia para a Iluminação Espiritual. Rio de Janeiro: Sextante, 2001.

Uma introdução às práticas de mindfulness e presença, que transformam a experiência interna e promovem o bem-estar, ampliando a consciência e a conexão espiritual.

10. Heisenberg, W. *Física e Filosofia*: A Revolução na Ciência Moderna. Rio de Janeiro: Contraponto, 2010.

Examina o Princípio da Incerteza e a natureza probabilística da realidade quântica, trazendo reflexões sobre a complexidade do mundo e a influência da observação sobre a realidade.

11. Yogananda, P. *Autobiografia de um Iogue*. São Paulo: Ed. Pensamento, 2018.

Descreve o papel da meditação e do autocontrole na jornada de expansão da consciência e realização espiritual, conectando práticas de sabedoria ancestral com o bem-estar.

12. Orozco, C. *Coerência.* São Paulo: Luz da Serra Editora, 2021.

Neste livro, Carlos Orozco explora a importância da coerência entre corpo, mente e coração, fundamentando-se em práticas de autoconsciência e equilíbrio emocional para promover uma saúde integral e harmonia pessoal.

13. *Bíblia Sagrada: Versão com Estudos em Hebraico.*

Esta versão da Bíblia incorpora estudos e insights baseados nas raízes hebraicas das escrituras, permitindo uma compreensão mais profunda da linguagem e dos conceitos originais.

14. Colleen, K. The Lord's Prayer in Aramaic: Language & Meanin . England: Colleen's Pages, 2021.

15. Haramein, Nassim. *The Connected Universe.* Resonance Science Foundation, 2016. Local: San Clemente, CA.